Mes recettes méditerranéennes à la friteuse à air

Savourez des plats méditerranéens délicieux et sains avec une touche de croustillant en exploitant le potentiel de votre friteuse !

Anna GAINES
© 2020 A. GAINES

© 2020 A. GAINES - Tous droits réservés.

Aucune partie de ce livre ne peut être reproduite ou transmise sous quelque forme que ce soit par quelque moyen que ce soit, électronique, mécanique, par photocopie, enregistrement ou autrement, sans l'autorisation écrite préalable de l'éditeur.

Table des matières

Recettes pour friteuse à air — 7
PETIT-DÉJEUNER — 8
- Avocado toast à l'œuf poché — 9
- Frittata au poivron rouge et à la feta — 10
- Œufs aux champignons — 11
- Pizza à l'œuf — 12
- Mélange de patates douces — 13
- Pizza caprese — 14
- Pain de blé à la banane et aux noix — 15
- Granola à l'abricot avec du yaourt — 16
- Muffins aux myrtilles — 17
- Gruau aux pêches — 18

LÉGUMES — 19
- Haricots verts rôtis — 20
- Pommes de terre rôties — 21
- Courge musquée aux noisettes — 22
- Patates douces au parmesan — 23
- Choux de Bruxelles à l'orange — 24
- Haricots verts aux oignons rouges — 25
- Carottes au miel et aux noix — 26
- Aubergine croustillante à l'ail — 27
- Betteraves à l'ail — 28
- Poivrons rouges farcis à la ricotta — 29

Poulet et dinde — 30
- Shawarma de poulet — 31
- Cuisses de poulet au citron — 32
- Poulet de Cornouailles aux herbes — 33
- Filet de poulet croustillant — 34
- Brochette de poulet — 35
- Poulet glacé à l'abricot — 36
- Poulet à la mayonnaise — 37
- Poulet épicé avec salade de haricots — 38
- Poulet enrobé de bacon — 39

Poulet barbecue avec salade de chou --- 40
Poulet avec salade de couscous --- 41
Poulet aux cornflakes croustillant --- 42
Poulet teriyaki aux pois mange-tout --- 43
Escalopes de poulet au brocoli-rave --- 44
Pilons de poulet Buffalo --- 45
Boulettes de dinde --- 46
Roulade de dinde farcie --- 47
Poitrine de dinde aux cerises --- 48
Cuisses de dinde épicées --- 49
Pain de viande à la grecque --- 50

BŒUF, PORC ET AGNEAU --- 51

Steak épicé avec salade --- 52
Steak avec champignons --- 53
Steak avec pommes de terre --- 54
Côtes de bœuf aux herbes --- 55
Steak à la coréenne --- 56
Côtes courtes avec salade --- 57
Brochettes de bœuf et de légumes --- 58
Boulettes avec des nouilles de courgettes --- 60
Bœuf aux herbes avec oignons --- 61
Côtes de porc croustillantes --- 62
Côtes de porc à l'origan avec salade --- 63
Filet de porc au prosciutto --- 64
Filet de porc avec la courge musquée --- 65
Brochettes de porc à l'ananas --- 66
Côtelettes d'agneau à la moutarde --- 67
Tacos de kefta d'agneau --- 68
Carré d'agneau en croûte --- 69
Boulettes d'agneau au couscous --- 70
Nœuds de bacon à l'érable --- 71

POISSONS ET FRUITS DE MER --- 72

Bâtonnets de poisson --- 73
Steak de thon au thym --- 74
Saumon au miel --- 75

Flétan avec salade de pois chiches --- 76

Roulés de sole aux asperges -- 77

Saumon à l'orange -- 78

Vivaneau rouge entier -- 79

Galettes de crabe avec salade de pommes --- 80

Brochettes de crevettes --- 81

Pétoncles enveloppés de bacon --- 82

Queues de homard à l'ail --- 83

Ces dernières années, les friteuses à air ont envahi les rayons des magasins et les publicités télévisées, avec un flot apparemment ininterrompu de nouveaux modèles.

Malgré son nom intelligent, une friteuse à air n'est pas du tout une friteuse. C'est un mini four à convection qui cuit les aliments en faisant circuler de l'air chaud autour d'eux à l'aide d'un ventilateur. Le génie de cette méthode est que les aliments cuits par convection peuvent approcher le croustillant des aliments frits tout en utilisant beaucoup moins d'huile. Mais l'air chaud intense est également idéal pour rôtir et nous permet même de préparer des plats que nous pourrions autrement cuire sur le gril.

La friteuse à l'air est un moyen exceptionnel de cuire les aliments rapidement et facilement. Elle se chauffe subitement et fait circuler de l'air surchauffé pour cuire les aliments uniformément.

La friteuse à air peut préparer un dîner avec moins de désordre et d'agitation, et en moins de temps que si vous utilisiez votre four.

Vous pensez que les recettes qui peuvent être cuites dans une friteuse à air sont très limitées. Mais vous serez surpris d'apprendre qu'une friteuse à air ne se limite pas à la friture, mais vous pouvez également rôtir, griller et cuire pour en faire de délicieux plats qui vous mettront l'eau à la bouche.

Dans ce livre, vous découvrirez de savoureuses recettes méditerranéennes qui fonctionnent à la perfection dans tous les modèles de friteuse à air. Dans les pages qui suivent, vous apprendrez à cuisiner des aliments croustillants, uniformément dorés et bien cuits, que vous soyez novice ou habitué des friteuses à l'air.

J'espère que vous apprécierez ces recettes autant que j'ai pris plaisir à les préparer pour vous !

Recettes pour friteuse à air

PETIT-DÉJEUNER

Avocado toast à l'œuf poché

Temps total : **10 minutes**
Sert **4 personnes**

Ingrédients

- 4 gros œufs
- 1 avocat
- 4 tranches de pain complet
- Flocons de piment rouge
- Sel et poivre noir

Préparation

Préchauffez la friteuse à air à 160 °C. Enduisez légèrement l'intérieur de quatre petits ramequins allant au four avec du spray d'huile d'olive.

Cassez un œuf dans chaque ramequin, puis assaisonnez avec du sel et du poivre noir.

Placez les ramequins dans le panier de la friteuse à air. Fermez et réglez la minuterie sur 7 minutes.

Pendant la cuisson des œufs, faites griller le pain au grille-pain.

Coupez l'avocat en deux dans le sens de la longueur, enlevez le noyau et récupérez la chair dans un petit bol. Assaisonnez avec du sel, du poivre noir et des flocons de piment rouge. À l'aide d'une fourchette, écrasez légèrement l'avocat.

Répartissez un quart de l'avocat écrasé sur chaque tranche de pain grillé.

Retirez les œufs de la friteuse à air et déposez-en un sur chaque tranche d'avocat grillée avant de servir.

Frittata au poivron rouge et à la feta

Temps total : **30 minutes**
Sert **4 personnes**

Ingrédients

- 8 gros œufs
- 1 poivron rouge moyen, coupé en dés
- ½ cuillère de sel
- ½ cuillère de poivre noir
- 1 gousse d'ail haché
- ½ tasse de feta

Préparation

Préchauffez la friteuse à air à 180 °C. Enduisez légèrement l'intérieur d'un moule à cake adapté à votre friteuse avec du spray d'huile d'olive.

Dans un grand bol, battez les œufs pendant 1 à 2 minutes ou jusqu'à ce qu'ils soient bien mélangés.

Ajoutez le poivron, le sel, le poivre noir et l'ail aux œufs et mélangez le tout jusqu'à ce que le poivron soit bien réparti dans le mélange.

Ajoutez un quart de tasse de fromage feta.

Versez le mélange d'œufs dans le moule préparé et saupoudrez le reste de feta sur le dessus.

Placez le moule dans la friteuse à air et faites cuire pendant 18 à 20 minutes, ou jusqu'à ce que les œufs soient pris au centre.

Retirez le moule de la friteuse et laissez-le refroidir pendant 5 minutes avant de servir.

Œufs aux champignons

Temps total : **25 minutes**
Sert **6 personnes**

Ingrédients

- 6 gros œufs
- 1 gousse d'ail haché
- ½ cuillère à café de sel
- ½ cuillère à café de poivre noir
- Une pincée de flocons de piment rouge
- 200 g de champignons mini Bella, tranchés
- 1 tasse de jeunes épinards frais
- 2 oignons verts, coupés en dés

Préparation

Préchauffez la friteuse à air à 160 °C.

Enduisez légèrement l'intérieur de 6 moules à muffins ou d'un moule à muffins de 6 tasses avec du spray d'huile d'olive.

Dans un grand bol, battez les œufs, l'ail, le sel, le poivre et les flocons de piment rouge pendant 1 à 2 minutes ou jusqu'à ce qu'ils soient bien mélangés.

Ajoutez les champignons, les épinards et les oignons verts.

Répartissez le mélange de façon égale dans les moules à muffins.

Placez-les dans la friteuse et faites-les cuire pendant 12 à 15 minutes, ou jusqu'à ce que les œufs soient pris.

Retirez-les et laissez-les refroidir pendant 5 minutes avant de les servir.

Pizza à l'œuf

Temps total : **12 minutes**
Sert **2 personnes**

Ingrédients

- 1 pain pita à la farine complète
- 2 cuillères à café d'huile d'olive
- ½ échalote, coupée en dés
- ¼ cuillère à café d'ail haché
- 1 gros œuf
- ¼ cuillère à café d'origan séché
- ¼ cuillère à café de thym séché
- ⅛ cuillère à café de sel
- 2 cuillères à soupe de parmesan râpé

Préparation

Préchauffez la friteuse à air à 190 °C.

Badigeonnez le dessus du pita avec de l'huile d'olive, puis étalez l'échalote en dés et l'ail haché sur le pita.

Cassez l'œuf dans un petit bol et assaisonnez-le avec de l'origan, du thym et du sel.

Placez le pita dans le panier de la friteuse, et versez doucement l'œuf sur le dessus du pita. Saupoudrez de fromage sur le dessus.

Faites cuire dans la friteuse à air pendant 6 minutes.

Laissez refroidir pendant 5 minutes avant de couper en morceaux pour servir.

Mélange de patates douces

Temps total : **35 minutes**
Sert **6 personnes**

Ingrédients

- 2 patates douces moyennes, coupées en cubes
- ½ poivron vert, en dés
- ½ oignon rouge, en dés
- 115 g de champignons mini Bella, coupés en dés
- 2 cuillères à soupe d'huile d'olive
- 1 gousse d'ail haché
- ½ cuillère à café de sel
- ½ cuillère à café de poivre noir
- ½ cuillère à soupe de romarin frais haché

Préparation

Préchauffez la friteuse à air à 190 °C.

Dans un grand bol, mélangez tous les ingrédients jusqu'à ce que les légumes soient bien enrobés et que les assaisonnements soient bien répartis.

Versez les légumes dans le panier de la friteuse à air, en veillant à ce qu'ils soient en une seule couche uniforme. (Si vous utilisez une friteuse à air plus petite, vous devrez peut-être le faire en deux fois).

Faites cuire dans la friteuse à air pendant 9 minutes, puis mélangez ou retournez les légumes. Faites cuire pendant 9 minutes de plus.

Transférez dans un bol de service ou dans des assiettes individuelles et régalez-vous.

Pizza caprese

Temps total : **12 minutes**
Sert **2 personnes**

Ingrédients

- 1 pain pita de blé complet
- 2 cuillères à café d'huile d'olive
- ¼ gousse d'ail, hachée
- 1 gros œuf
- ⅛ cuillère à café de sel
- ¼ tasse de tomates en dés
- ¼ tasse de perles de mozzarella
- 6 feuilles de basilic frais
- ½ cuillère à café de vinaigre balsamique

Préparation

Préchauffez la friteuse à air à 190 °C.

Badigeonnez le dessus du pita avec de l'huile d'olive, puis étalez l'ail haché sur le pita.

Cassez l'œuf dans un petit bol et assaisonnez-le de sel.

Placez le pita dans le panier de la friteuse, et versez doucement l'œuf sur le dessus du pita. Recouvrez avec la tomate, les perles de mozzarella et le basilic.

Faites cuire dans la friteuse à air pendant 6 minutes.

Retirez la pizza pita de la friteuse à air et arrosez le dessus de vinaigre balsamique.

Laisser refroidir pendant 5 minutes avant de la couper en morceaux pour la servir.

Pain de blé à la banane et aux noix

Temps total : **30 minutes**
Sert **6 personnes**

Ingrédients

- 2 bananes moyennes mûres
- 1 gros œuf
- ¼ tasse de yaourt grec nature
- ¼ tasse d'huile d'olive
- ½ cuillère à café d'extrait de vanille
- 2 cuillères à soupe de miel
- 1 tasse de farine de blé complet
- ¼ cuillère à café de sel
- ¼ cuillère à café de bicarbonate de soude
- ½ cuillère à café de cannelle moulue
- ¼ tasse de noix hachées

Préparation

Préchauffez la friteuse à air à 180 °C. Enduisez légèrement l'intérieur d'un moule à pain adapté à votre friteuse avec du spray d'huile d'olive.

Dans un grand bol, écrasez les bananes à l'aide d'une fourchette. Ajoutez l'œuf, le yaourt, l'huile d'olive, la vanille et le miel. Mélangez jusqu'à ce que le tout soit bien mélangé et surtout lisse.

Incorporez la farine de blé, le sel, le bicarbonate de soude et la cannelle dans le mélange humide, puis remuez jusqu'à ce que le tout soit bien mélangé. Ne pas trop mélanger. Ajoutez progressivement les noix.

Versez le mélange dans le moule préparé et étalez-le pour le répartir uniformément.

Placez le moule dans le panier de la friteuse et faites cuire pendant 20 à 23 minutes, ou jusqu'à ce qu'il soit doré sur le dessus et qu'un cure-dent inséré au centre en ressorte propre.

Laissez le pain refroidir pendant 5 minutes avant de servir.

Granola à l'abricot avec du yaourt

Temps total : **40 minutes**
Sert **6 personnes**

Ingrédients

- 1 tasse de flocons d'avoine
- ¼ tasse d'abricots secs, coupés en dés
- ¼ tasse amande effilée
- ¼ tasse de noix, hachées
- ¼ tasse de graines de potiron
- ¼ tasse de cœurs de chanvre
- ⅓ tasse de miel
- 1 cuillère à soupe d'huile d'olive
- 1 cuillère à café de cannelle moulue
- ¼ cuillère de noix de muscade moulue
- ¼ cuillère à café de sel
- 2 cuillères de pépites de chocolat noir
- 3 tasses de yaourt grec nature

Préparation

Préchauffez la friteuse à air à 125 °C. Tapissez le panier de la friteuse à air de papier cuisson.

Dans un grand bol, mélangez l'avoine, les abricots, les amandes, les noix, les graines de courge, les cœurs de chanvre, le miel, l'huile d'olive, la cannelle, la noix de muscade et le sel, en veillant à ce que le miel, l'huile et les épices soient bien répartis.

Versez le mélange sur le papier cuisson et étalez-le en une couche uniforme.

Faites cuire dans la friteuse à air pendant 10 minutes, puis secouez ou remuez et étalez à nouveau en une couche uniforme. Continuez à faire cuire pendant 10 minutes de plus, puis répétez le processus d'agitation du mélange. Faites cuire pendant 10 minutes supplémentaires avant de sortir de la friteuse à air.

Laissez le granola refroidir complètement avant d'incorporer les pépites de chocolat et de le verser dans un récipient hermétique pour le conserver.

Pour chaque portion, garnissez ½ tasse de yaourt grec avec ⅓ tasse de granola et un filet de miel, si nécessaire.

Muffins aux myrtilles

Temps total : **25 minutes**
Sert **6 personnes**

Ingrédients

- ½ tasse de compote de pommes
- ¼ tasse de miel
- ½ tasse de yaourt grec nature
- 1 cuillère à café d'extrait de vanille
- 1 gros œuf
- 1½ tasse de farine de blé complet
- ½ cuillère à café de bicarbonate de soude
- ½ cuillère à café de levure chimique
- ½ cuillère à café de sel
- ½ coupe de myrtilles, fraîches ou congelées

Préparation

Préchauffez la friteuse à air à 180 °C. Enduisez légèrement l'intérieur de 6 moules à muffins ou d'un moule à muffins de 6 tasses avec du spray d'huile d'olive.

Dans un grand bol, mélangez la compote de pommes, le miel, le yaourt, la vanille et l'œuf et mélangez jusqu'à l'obtention d'une pâte lisse.

Ajoutez au mélange humide la farine, le bicarbonate de soude, la levure chimique et le sel, puis remuez jusqu'à ce que le tout soit bien mélangé.

Dans un petit bol, mélangez les myrtilles avec une cuillère de farine, puis incorporez le mélange à la pâte à muffins.

Répartissez le mélange de façon homogène dans les moules préparés et placez-les dans le panier de la friteuse. Faites cuire pendant 12 à 15 minutes, ou jusqu'à ce que le dessus soit doré et qu'un cure-dent inséré au milieu de l'un des muffins en ressorte propre.

Laissez refroidir les muffins pendant 5 minutes avant de les servir.

Gruau aux pêches

Temps total : **35 minutes**
Sert **6 personnes**

Ingrédients

- 2 tasses de flocons d'avoine
- 2 tasses de lait d'amande
- ¼ tasse de miel
- ½ tasse de yaourt grec nature
- 1 cuillère à café d'extrait de vanille
- ½ cuillère à café de cannelle moulue
- ¼ cuillère à café de sel
- 1½ tasse de pêches, en dés

Préparation

Préchauffez la friteuse à air à 190 °C.

Enduisez légèrement l'intérieur d'un moule à cake avec du spray d'huile d'olive.

Dans un grand bol, mélangez l'avoine, le lait d'amande, le miel, le yogourt, la vanille, la cannelle et le sel jusqu'à ce que le tout soit bien mélangé.

Ajoutez une tasse de pêches et versez le mélange dans le moule préparé.

Saupoudrez le reste des pêches sur le dessus du mélange d'avoine. Faites cuire dans la friteuse à air pendant 30 minutes.

Laissez prendre et refroidir pendant 5 minutes avant de servir avec des fruits frais supplémentaires et du miel pour arroser, si vous le souhaitez.

LÉGUMES

Haricots verts rôtis

Temps total : **20 minutes**
Sert **2 personnes**

Ingrédients

- 450 g de haricots verts, coupés en deux
- 2 cuillères d'huile d'olive
- ½ tasse de basilic frais haché
- ⅓ tasse de tomates séchées à l'huile, rincées, asséchées et hachées
- 1 cuillère de jus de citron
- ½ tasse de fromage de chèvre émietté
- ¼ tasse de graines de tournesol rôties
- Sel et poivre

Préparation

Dans un bol, mélangez les haricots verts avec 1 cuillère d'huile, ⅛ cuillère de sel et ⅛ cuillère de poivre ; mettez-les dans le panier de la friteuse à air. Placez le panier dans la friteuse et réglez la température à 205 °C. Faites cuire les haricots verts jusqu'à ce qu'ils soient croquants, pendant 12 à 15 minutes, en les remuant à mi-cuisson.

Dans un grand bol, mélangez les haricots verts avec la cuillère d'huile restante, le basilic, les tomates séchées au soleil et le jus de citron. Assaisonnez avec du sel et du poivre selon votre goût. Mettez le mélange dans un plat de service et saupoudrez-le de fromage de chèvre et de graines de tournesol. Servez.

Pommes de terre rôties

Temps total : **45 minutes**
Sert **2 personnes**

Ingrédients

- 2 pommes de terre rousses, non pelées
- ¼ cuillère d'huile d'olive
- Sel et poivre

Préparation

Piquez chaque patate plusieurs fois avec une fourchette. Badigeonnez les pommes de terre avec de l'huile et saupoudrez-les de ⅛ cuillère de sel. Déposez les pommes de terre dans le panier de la friteuse, en les espaçant uniformément. Placez le panier dans la friteuse et réglez la température à 205 °C. Faites cuire les patates pendant 40 à 45 minutes.

Mettez les pommes de terre dans une grande assiette et, à l'aide d'un couteau, percez deux fentes en forme de X dans chaque pomme de terre. Enfoncez les extrémités des pommes de terre pour pousser la chair vers le haut et vers l'extérieur. Assaisonnez avec du sel et du poivre selon votre goût. Garnissez les patates de vos garnitures préférées et servez-les.

Courge musquée aux noisettes

Temps total : **35 minutes**
Sert **2 personnes**

Ingrédients

- 700 g de courge musquée, coupée en morceaux
- 2 cuillères de beurre non salé
- 1 cuillère de sauge fraîche hachée
- 1 cuillère de jus de citron
- ⅓ tasse de noisettes, hachées grossièrement
- Sel et poivre

Préparation

Dans un grand bol, faites chauffer au micro-ondes le beurre et la sauge, en remuant de temps en temps, jusqu'à ce que le beurre soit fondu, soit environ 1 minute. Mettez 1 cuillère de mélange de beurre dans un petit bol, puis ajoutez le jus de citron et ⅛ cuillère de sel ; mettez la préparation de côté. Ajoutez la courge, ¼ cuillère de sel et ⅛ cuillère de poivre au reste du mélange de beurre et remuez pour bien enrober.

Déposez les courges dans le panier de la friteuse. Placez le panier dans la friteuse, réglez la température à 205 °C et faites cuire pendant 15 minutes. Incorporez les noisettes et faites cuire jusqu'à ce que la courge soit tendre et bien dorée, 15 à 20 minutes, en remuant à mi-cuisson.

Transférez le mélange de courge dans un grand bol propre ; mélangez-le avec le mélange de beurre réservé. Assaisonnez avec du sel et du poivre au goût. Garnissez le mélange de courge de graines de grenade et servez-le.

Patates douces au parmesan

Temps total : **20 minutes**
Sert **4 personnes**

Ingrédients

- 2 grosses patates douces, coupées en cubes
- ¼ tasse d'huile d'olive
- 1 cuillère à café de romarin séché
- ½ cuillère à café de sel
- 2 cuillères à soupe de parmesan déchiqueté

Préparation

Préchauffez la friteuse à air à 180 °C.

Dans un grand bol, mélangez les patates douces avec l'huile d'olive, le romarin et le sel.

Versez les patates dans le panier de la friteuse et faites-les rôtir pendant 10 minutes, puis remuez les patates et saupoudrez le parmesan sur le dessus. Continuez à faire rôtir pendant 8 minutes.

Servez les patates chaudes et savourez-les !

Choux de Bruxelles à l'orange

Temps total : **12 minutes**
Sert **4 personnes**

Ingrédients

- 450 g de choux de Bruxelles, coupés en quartiers
- 2 gousses d'ail, hachées
- 2 cuillères à soupe d'huile d'olive
- ½ cuillère à café de sel
- 1 orange, coupée en rondelles

Préparation

Préchauffez la friteuse à air à 180 °C.

Dans un grand bol, mélangez les choux de Bruxelles avec l'ail, l'huile d'olive et le sel jusqu'à ce qu'ils soient bien enrobés.

Versez les choux de Bruxelles dans la friteuse à air, déposez les tranches d'orange par-dessus et faites-les rôtir pendant 10 minutes.

Retirez de la friteuse à air et réservez les tranches d'orange. Mélangez les choux de Bruxelles avant de servir.

Haricots verts aux oignons rouges

Temps total : **12 minutes**
Sert **6 personnes**

Ingrédients

- 450 g de haricots verts frais, parés
- ½ oignon rouge, en tranches
- 2 cuillères à soupe d'huile d'olive
- ½ cuillère à café de sel
- ¼ cuillère à café de poivre noir
- 1 cuillère à soupe de jus de citron

Préparation

Préchauffez la friteuse à air à 180 °C.

Dans un grand bol, mélangez les haricots verts, l'oignon, l'huile d'olive, le sel, le poivre et le jus de citron.

Versez le mélange dans la friteuse à air et faites rôtir pendant 5 minutes. Remuez bien et faites rôtir pendant 5 minutes supplémentaires.

Servez les haricots verts avec des quartiers de citron.

Carottes au miel et aux noix

Temps total : **15 minutes**
Sert **6 personnes**

Ingrédients

- 450 g de mini carottes
- 2 cuillères à soupe d'huile d'olive
- ¼ tasse de miel
- ¼ cuillère à café de cannelle moulue
- ¼ tasse de noix, hachées

Préparation

Préchauffez la friteuse à air à 180 °C.

Dans un grand bol, mélangez les carottes miniatures avec l'huile d'olive, le miel et la cannelle jusqu'à ce qu'elles soient bien enrobées.

Versez-les dans la friteuse à air et faites-les rôtir pendant 6 minutes. Secouez le panier, saupoudrez les noix sur le dessus et faites rôtir pendant 6 minutes supplémentaires.

Retirez les carottes de la friteuse à air et servez-les.

Aubergine croustillante à l'ail

Temps total : **30 minutes**
Sert **4 personnes**

Ingrédients

- 1 œuf
- 1 cuillère à soupe d'eau
- ½ tasse de chapelure de blé entier
- 1 cuillère à café de poudre d'ail
- ½ cuillère à café d'origan séché
- ½ cuillère à café de sel
- ½ cuillère à café de paprika
- 1 aubergine moyenne, coupée en rondelles
- 1 cuillère à soupe d'huile d'olive

Préparation

Préchauffez la friteuse à air à 180 °C.

Dans un bol moyen peu profond, battez l'œuf et l'eau jusqu'à ce qu'ils deviennent mousseux.

Dans un autre bol moyen peu profond, mélangez la chapelure, la poudre d'ail, l'origan, le sel et le paprika.

Trempez chaque tranche d'aubergine dans le mélange d'œufs, puis dans le mélange de chapelure, en recouvrant l'extérieur de chapelure. Placez les tranches en une seule couche dans le fond du panier de la friteuse à air.

Arrosez le dessus des tranches d'aubergine avec l'huile d'olive, puis faites frire pendant 15 minutes. Retournez chaque tranche et laissez cuire pendant 10 minutes supplémentaires.

Betteraves à l'ail

Temps total : **30 minutes**
Sert **4 personnes**

Ingrédients

- 4 betteraves, coupées en tranches
- 1 gousse d'ail hachée
- 2 cuillères à soupe d'aneth frais haché
- ¼ cuillère à café de sel
- ¼ cuillère à café de poivre noir
- 3 cuillères à soupe d'huile d'olive

Préparation

Préchauffez la friteuse à air à 190 °C.

Dans un grand bol, mélangez tous les ingrédients pour que les betteraves soient bien enrobées d'huile.

Versez le mélange de betteraves dans le panier de la friteuse à air, et faites rôtir pendant 15 minutes avant de remuer, puis continuez à faire rôtir pendant 15 minutes supplémentaires.

Poivrons rouges farcis à la ricotta

Temps total : **25 minutes**
Sert **4 personnes**

Ingrédients

- 2 poivrons rouges
- 1 tasse de riz brun cuit
- 2 tomates roms, coupées en dés
- 1 gousse d'ail haché
- ¼ cuillère à café de sel
- ¼ cuillère à café de poivre noir
- 115 g de ricotta
- 3 cuillères à soupe de basilic frais, haché
- 3 cuillères à soupe d'origan frais, haché
- ¼ tasse de parmesan râpé, pour la garniture

Préparation

Préchauffez la friteuse à air à 180 °C.

Coupez les poivrons en deux et enlevez les graines et la tige.

Dans un bol moyen, mélangez le riz brun, les tomates, l'ail, le sel et le poivre.

Répartissez la garniture de riz de manière égale entre les quatre moitiés de poivrons.

Dans un petit bol, mélangez la ricotta, le basilic et l'origan. Mettez le fromage aux herbes sur le dessus du mélange de riz dans chaque poivron.

Placez les poivrons dans la friteuse à air et faites-les rôtir pendant 20 minutes.

Retirez-les et servez-les avec du parmesan râpé sur le dessus.

Poulet et dinde

Shawarma de poulet

Temps total : **20 minutes**
Sert **4 personnes**

Ingrédients

- 450 g de blanc de poulet, coupés en cubes
- ¼ tasse de yaourt grec nature
- 2 cuillères à soupe d'huile d'olive
- 1 cuillère à café d'origan séché
- 1 cuillère à café de cumin moulu
- 1 cuillère à café de cannelle moulue
- ¼ cuillère à café de curcuma moulu
- ¼ cuillère à café de poivre noir
- 1 cuillère à café de sel

Préparation

Préchauffez la friteuse à air à 190 °C.

Dans un grand bol, mélangez tous les ingrédients et remuez jusqu'à ce que le poulet soit bien enrobé.

Répartissez le mélange de poulet en une couche uniforme dans le panier de la friteuse à air, puis faites cuire pendant 10 minutes. Remuez le mélange de poulet et faites-le cuire pendant 5 minutes supplémentaires.

Servez le poulet avec du riz, une salade grecque et votre sauce préférée.

Cuisses de poulet au citron

Temps total : **25 minutes**
Sert **4 personnes**

Ingrédients

- 4 cuisses de poulet avec os, sans peau ni graisse
- 2 cuillères à soupe d'huile d'olive
- 1 cuillère à café de poudre d'ail
- 1 cuillère à café de sel
- Poivre noir
- 1 citron, en tranches

Préparation

Préchauffez la friteuse à air à 190 °C.

Enduisez les cuisses de poulet avec l'huile d'olive, la poudre d'ail et le sel.

Découpez quatre morceaux de papier d'aluminium, chaque feuille étant assez grande pour envelopper une cuisse de poulet.

Placez une cuisse de poulet sur chaque morceau de papier d'aluminium, assaisonnez-la de poivre noir, puis recouvrez-la de tranches de citron.

Faites cuire le poulet dans la friteuse à air pendant 22 minutes.

Retirez les paquets de papier d'aluminium de la friteuse à air. Ouvrez soigneusement chaque paquet pour éviter les brûlures de vapeur et servez le poulet avec une salade à part.

Poulet de Cornouailles aux herbes

Temps total : **45 minutes**
Sert **2 personnes**

Ingrédients

- 1 poule de Cornouailles (d'environ 700 à 900 g)
- ¼ tasse d'huile d'olive
- 2 cuillères à soupe de jus de citron
- 2 cuillères à soupe de romarin frais, haché
- 2 cuillères à soupe de thym frais, haché
- 4 gousses d'ail, grossièrement hachées
- 1 cuillère à café de sel
- 1 cuillère à café de poivre noir fraîchement moulu
- 1 branche de céleri, grossièrement hachée
- ½ petit oignon
- ½ citron

Préparation

Préchauffez la friteuse à air à 190 °C.

Dans un petit bol, mélangez l'huile d'olive, le jus de citron, le romarin, le thym, l'ail, le sel et le poivre. Badigeonnez le mélange sur le dessus et les côtés de la poule. Versez l'excédent dans la cavité de la poule.

Farcissez la cavité de la poule avec le céleri, l'oignon et ½ citron.

Placez le tout dans le panier de la friteuse à air et faites rôtir pendant 40 à 45 minutes.

Coupez le poulet en deux et servez-le avec un peu de persil et de poivre noir frais concassé.

Filet de poulet croustillant

Temps total : **15 minutes**
Sert **4 personnes**

Ingrédients

- 450 g de filets de poulet
- 1 œuf
- ¼ tasse de lait d'amande non sucré
- ¼ tasse de farine de blé complet
- ¼ tasse de chapelure
- ½ cuillère à café de sel
- ½ cuillère à café de poivre noir
- ½ cuillère à café de thym séché
- ½ cuillère à café de sauge séchée
- ½ cuillère à café de poudre d'ail
- 1 citron, coupé en quartiers

Préparation

Préchauffez la friteuse à air à 180 °C.

Dans un bol peu profond, battez l'œuf et le lait d'amande jusqu'à ce qu'ils deviennent mousseux.

Dans un autre bol peu profond, fouettez ensemble la farine, la chapelure, le sel, le poivre, le thym, la sauge et l'ail en poudre.

Trempez chaque filet de poulet dans le mélange d'œufs, puis dans le mélange de chapelure, en recouvrant l'extérieur de chapelure. Placez les filets panés dans le fond du panier de la friteuse à air en une couche uniforme, en veillant à ce qu'ils ne se touchent pas.

Faites cuire les filets pendant 6 minutes, puis retournez-les et faites-les cuire pendant 5 à 6 minutes supplémentaires. Servez les filets de poulet avec des tranches de citron.

Brochette de poulet

Temps total : **30 minutes**
Sert **4 personnes**

Ingrédients

- 450 g de cuisses de poulet désossées et sans peau, coupées en cubes
- 1 poivron rouge, coupé en morceaux
- 1 oignon rouge, coupé en morceaux
- 1 courgette, coupée en morceaux
- 12 tomates cerises
- ¼ tasse d'huile d'olive
- 1 cuillère à café de poudre d'ail
- 1 cuillère à café de poudre d'oignon
- 1 cuillère à café de cumin moulu
- ½ cuillère à café d'origan séché
- ½ cuillère à café de basilic séché
- ¼ tasse de jus de citron
- 1 cuillère de vinaigre de cidre de pomme

Préparation

Dans un grand bol, mélangez l'huile d'olive, la poudre d'ail, la poudre d'oignon, le cumin, l'origan, le basilic, le jus de citron et le vinaigre de cidre de pomme.

Vaporisez 6 brochettes avec du spray d'huile d'olive.

Sur chaque brochette, faites glisser un morceau de poulet, puis un morceau de poivron, d'oignon, de courgette, et enfin une tomate, puis répétez. Chaque brochette doit comporter au moins deux morceaux de chaque article.

Une fois toutes les brochettes préparées, placez-les dans un plat de cuisson et versez la marinade à l'huile d'olive sur le dessus des brochettes. Tournez chaque brochette de manière à ce que tous les côtés du poulet et des légumes soient enduits.

Couvrez le plat d'un film plastique et placez-le au réfrigérateur pendant 30 minutes.

Après 30 minutes, préchauffez la friteuse à air à 190 °C. Retirez les brochettes de la marinade et déposez-les en une seule couche dans le panier de la friteuse.

Faites cuire les brochettes pendant 10 minutes. Faites tourner les brochettes, puis faites-les cuire pendant 15 minutes supplémentaires.

Retirez les brochettes de la friteuse à air et laissez-les reposer pendant 5 minutes avant de servir.

Poulet glacé à l'abricot

Temps total : **20 minutes**
Sert **2 personnes**

Ingrédients

- 2 blancs de poulet
- 2 cuillères de confiture d'abricots
- ½ cuillère de thym frais haché
- 1 cuillère d'huile d'olive
- Sel et poivre

Préparation

Dans un bol, faites chauffer au micro-ondes la confiture et le thym jusqu'à ce qu'ils soient liquides, environ 30 secondes ; mettez-les de côté. Asséchez le poulet en le tapotant avec du papier absorbant, badigeonnez-le d'huile et assaisonnez-le de sel et de poivre.

Placez les blancs de poulet, côté peau vers le bas, dans le panier de la friteuse à air, en les espaçant uniformément et en alternant les extrémités. Placez le panier dans la friteuse à air, réglez la température à 205 °C et laissez cuire le poulet pendant 4 minutes. Retournez les filets de poulet, puis badigeonnez le côté dépouillé avec le mélange abricot-thym. Remettez le panier dans la friteuse et laissez cuire pendant 8 à 12 minutes.

Mettez le poulet dans un plat de service, couvrez-le avec du papier d'aluminium et laissez-le reposer pendant 5 minutes avant de le servir.

Poulet à la mayonnaise

Temps total : **30 minutes**
Sert **2 personnes**

Ingrédients

- 2 blancs de poulet
- 4 tranches épaisses de jambon
- 2 tranches de fromage suisse
- 2 cuillères de mayonnaise
- 1 cuillère de moutarde de Dijon
- 1 cuillère d'eau
- 1 cuillère de ciboulette fraîche hachée
- Sel et poivre

Préparation

Asséchez le poulet avec du papier essuie-tout et assaisonnez-le de sel et de poivre. Pour chaque blanc de poulet, posez 2 tranches de jambon sur le comptoir, en faisant légèrement chevaucher les bords, et déposez le poulet, côté peau vers le bas, au centre. Pliez le jambon autour du poulet et fixez les extrémités qui se chevauchent en enfilant un cure-dent dans le jambon et le poulet. Retournez le poulet et enfilez le cure-dent dans le jambon et le poulet sur le deuxième côté.

Vaporisez légèrement le fond du panier de la friteuse à air avec de l'huile d'olive. Placez les blancs de poulet, côté peau vers le bas, dans le panier préparé, en les espaçant uniformément et en alternant les extrémités. Placez le panier dans la friteuse à air et réglez la température à 205 °C. Laissez cuire jusqu'à ce que les bords du jambon commencent à brunir, 12 à 16 minutes, en retournant les blancs à mi-cuisson. Recouvrez chaque morceau de poulet d'une tranche de fromage suisse, en pliant au besoin. Remettez le panier dans la friteuse à air et laissez cuire jusqu'à ce que le fromage soit fondu, environ 1 minute.

Mettez le poulet dans un plat de service et jetez les cure-dents. Recouvrez-le de papier d'aluminium et laissez-le reposer pendant 5 minutes. Pendant ce temps, combinez la mayonnaise, la moutarde et l'eau dans un petit bol. Arrosez le poulet d'une cuillère de sauce et saupoudrez de ciboulette. Servez le poulet avec le reste de la sauce séparément.

Poulet épicé avec salade de haricots

Temps total : **30 minutes**
Sert **2 personnes**

Ingrédients

- 2 blancs de poulet
- 1 tasse de haricots blancs en conserve, rincés
- 200 g d'asperges, coupées en longueur
- 2 cuillères d'huile d'olive
- 1½ cuillère de vinaigre de vin rouge
- 1 gousse d'ail haché
- ½ oignon rouge, en fines lamelles
- ½ cuillère de coriandre moulue
- ¼ cuillère de paprika
- 60 g de roquette
- Sel et poivre

Préparation

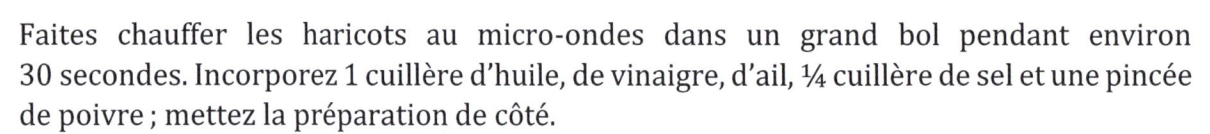

Faites chauffer les haricots au micro-ondes dans un grand bol pendant environ 30 secondes. Incorporez 1 cuillère d'huile, de vinaigre, d'ail, ¼ cuillère de sel et une pincée de poivre ; mettez la préparation de côté.

Mélangez l'oignon avec 2 cuillères d'huile, ⅛ cuillère de sel, et une pincée de poivre dans un bol propre pour l'enrober. Placez l'oignon dans le panier de la friteuse, réglez la température à 205 °C et laissez cuire pendant 2 minutes. Incorporez les asperges, remettez le panier dans la friteuse et laissez cuire jusqu'à ce que les asperges soient tendres et d'un vert éclatant, soit 6 à 8 minutes, en remuant à mi-cuisson. Transférez les asperges dans le bol avec les haricots et mettez-les de côté.

Mélangez la coriandre, le paprika, ¼ cuillère de sel et ⅛ cuillère de poivre dans un petit bol. Asséchez le poulet avec du papier absorbant, frottez-le avec la cuillère d'huile restante et saupoudrez uniformément avec le mélange d'épices. Placez les blancs, côté peau vers le bas, dans le panier de la friteuse, maintenant vide, en alternant les extrémités et en les espaçant uniformément. Placez le panier dans la friteuse et réglez la température à 205 °C. Laissez cuire jusqu'à ce que le poulet pendant 12 à 16 minutes, en retournant les blancs de poulet à mi-cuisson.

Déposez le poulet sur un plat de service, recouvrez-le de papier d'aluminium et laissez-le reposer pendant 5 minutes. Ajoutez la roquette au mélange d'asperges et remuez pour bien combiner. Assaisonnez avec du sel et du poivre selon votre goût. Servez le poulet avec la salade de haricots.

Poulet enrobé de bacon

Temps total : **20 minutes**
Sert **2 personnes**

Ingrédients

- 2 blancs de poulet
- 2 cuillères de sirop d'érable
- 6 tranches de bacon épaisses
- Poivre noir fraîchement moulu

Préparation

Essuyez le poulet avec du papier essuie-tout. Badigeonnez les blancs de poulet avec la moitié du sirop d'érable et assaisonnez-les avec du poivre noir fraîchement moulu.

Enroulez trois tranches de bacon autour de chaque blanc de poulet, en fixant les extrémités avec des cure-dents.

Placez les blancs de poulet préparés, côté peau vers le haut, dans le panier de la friteuse, en les espaçant régulièrement et en alternant les extrémités. Placez le panier dans la friteuse à air et réglez la température à 195 °C. Faites cuire le poulet pendant 6 minutes. Retournez ensuite les blancs de poulet, versez du sirop d'érable sur le dessus et faites-les cuire pendant 6 minutes supplémentaires. Retournez encore une fois les blancs de poulet, badigeonnez le reste du sirop d'érable et laissez-les cuire pendant 6 minutes.

Lorsque le poulet est cuit, enlevez les cure-dents et servez-le avec votre vinaigrette préférée.

Poulet barbecue avec salade de chou

Temps total : **35 minutes**
Sert **2 personnes**

Ingrédients

- 2 blancs de poulet avec os
- 3 tasses de mélange de salade de chou râpé
- 1 cuillère d'huile d'olive
- 2 cuillères de sauce barbecue
- 2 cuillères de mayonnaise
- 2 cuillères de crème fraîche
- 1 cuillère de vinaigre blanc
- ¼ cuillère de sucre
- Sel et poivre

Préparation

Mélangez la salade de chou et ¼ cuillère de sel dans une passoire placée au-dessus du bol. Laissez-la reposer jusqu'à ce qu'elle se fane légèrement, environ 30 minutes. Rincez, égouttez et séchez bien avec un torchon.

Pendant ce temps, asséchez le poulet avec du papier absorbant, frottez-le avec de l'huile et assaisonnez-le de sel et de poivre. Déposez les blancs de poulet, côté peau vers le bas, dans le panier de la friteuse, en alternant les extrémités, en les espaçant uniformément. Placez le panier dans la friteuse, réglez la température à 175 °C et laissez cuire pendant 10 minutes. Retournez les blancs, puis badigeonnez le côté peau avec la sauce barbecue. Remettez le panier dans la friteuse et laissez cuire 10 à 15 minutes, jusqu'à ce que le poulet soit bien doré.

Déposez le poulet sur un plat de service, recouvrez-le de papier d'aluminium et laissez-le reposer pendant 5 minutes. Pendant que le poulet se repose, fouettez la mayonnaise, la crème fraîche, le vinaigre, le sucre et une pincée de poivre dans un grand bol. Ajoutez le mélange de salade de chou et assaisonnez avec du sel, du poivre et du vinaigre supplémentaire selon votre goût.

Servez le poulet avec la salade de chou.

Poulet avec salade de couscous

Temps total : **30 minutes**
Sert **2 personnes**

Ingrédients

- 2 blancs de poulet avec os
- 5 cuillères de mélasse de grenade
- 1 cuillère de thym frais haché
- ½ cuillère de cannelle moulue
- 2 cuillères d'huile d'olive
- ¼ tasse d'eau
- ¼ tasse de bouillon de poulet
- ½ tasse couscous
- 1 cuillère de persil frais haché
- 30 g de fromage feta, émietté
- Sel et poivre
- 1 oignon vert, partie blanche hachée, partie verte coupée en biais
- Quelques tomates cerises, coupées en quartiers

Préparation

Mélangez 3 cuillères de mélasse de grenade, du thym, de la cannelle et ⅛ cuillère de sel dans un petit bol. Asséchez le poulet avec du papier essuie-tout, frottez-le avec 1 cuillère d'huile, puis assaisonnez-le de sel et de poivre. Déposez les blancs, côté peau vers le bas, dans le panier de la friteuse, en les espaçant régulièrement et en alternant les extrémités. Placez le panier dans la friteuse, réglez la température à 175 °C et laissez cuire pendant 10 minutes.

Retournez les blancs de poulet, puis badigeonnez la peau avec la moitié du mélange de mélasse de grenade. Remettez le panier dans la friteuse et laissez cuire pendant 5 minutes. Badigeonnez les blancs avec le reste du mélange de mélasse de grenade, remettez le panier dans la friteuse et continuez la cuisson jusqu'à ce qu'ils soient bien dorés, soit 5 à 10 minutes. Déposez le poulet sur un plat de service, recouvrez-le de papier d'aluminium et laissez-le reposer pendant 5 minutes.

Pendant ce temps, faites chauffer l'eau et le bouillon au micro-ondes dans un bol moyen jusqu'à ce qu'ils soient très chauds, soit 3 à 5 minutes. Incorporez le couscous et ⅛ cuillère de sel. Couvrez et laissez reposer jusqu'à ce que le couscous soit tendre et que tout le liquide ait été absorbé, soit environ 7 minutes.

Fouettez le reste d'huile, le reste de mélasse de grenade et les blancs d'oignon dans un bol propre. Ajoutez les tomates, le persil, les feuilles d'oignon vert et le mélange de grenades au couscous, puis remuez doucement à la fourchette pour bien mélanger. Saupoudrez de feta par-dessus et servez avec le poulet.

Poulet aux cornflakes croustillant

Temps total : **30 minutes**
Sert **2 personnes**

Ingrédients

- 2 blancs de poulet
- ⅓ tasse de babeurre
- ½ cuillère de moutarde sèche
- ½ cuillère de poudre d'ail
- ¼ tasse de farine tout usage
- 2 tasses de cornflakes, finement écrasés
- 1½ cuillère d'assaisonnement pour volaille
- ½ cuillère de paprika
- ⅛ cuillère de poivre de Cayenne
- Sel et poivre

Préparation

Vaporisez légèrement le fond du panier de la friteuse avec de l'huile en spray.

Coupez chaque blanc en deux dans le sens de la largeur, essuyez-le avec du papier essuie-tout et assaisonnez-le avec du sel et du poivre. Fouettez ensemble le babeurre, la moutarde, la poudre d'ail, ½ cuillère de sel et ¼ cuillère de poivre dans un bol moyen. Étalez la farine dans un plat peu profond. Mélangez les cornflakes, l'assaisonnement pour volaille, le paprika, ¼ cuillère de sel et le poivre de Cayenne dans un second plat peu profond.

En travaillant avec un morceau de poulet à la fois, enrobez le poulet de farine, trempez-le dans le mélange de babeurre, en laissant l'excès s'égoutter, puis enrobez-le du mélange de cornflakes, en pressant doucement pour faire adhérer ; déposez-le dans une grande assiette. Vaporisez légèrement le poulet avec de l'huile.

Déposez les morceaux de poulet dans le panier préparé, en les espaçant uniformément. Placez le panier dans la friteuse à air et réglez la température à 205 °C. Laissez cuire jusqu'à ce que le poulet soit croustillant, 16 à 24 minutes, en retournant les morceaux de poulet à mi-cuisson. Servez.

Poulet teriyaki aux pois mange-tout

Temps total : **40 minutes**
Sert **2 personnes**

Ingrédients

- 4 cuisses de poulet avec os
- 170 g de pois mange-tout
- ¼ tasse de bouillon de poulet
- 1½ cuillère de sauce soja
- ½ cuillère de gingembre frais râpé
- ⅛ cuillère de flocons de piment rouge
- 1 cuillère de sucre
- ½ cuillère de fécule de maïs
- 1 gousse d'ail haché
- ⅛ cuillère de zeste de citron
- ½ cuillère de jus de citron
- ¼ cuillère de sel
- 1 pincée de poivre

Préparation

Dans un grand bol, fouettez ensemble le bouillon, la sauce soja, le gingembre et les flocons de piment. Asséchez le poulet en le tapotant avec du papier absorbant. À l'aide d'une brochette métallique, piquer le côté peau du poulet 10 à 15 fois. Ajoutez-le au bol avec le mélange de bouillon et remuez bien pour l'enrober ; laissez-le mariner pendant 10 minutes.

Retirez le poulet de la marinade et asséchez-le en le tapotant avec du papier essuie-tout. Prenez 2 cuillères de la marinade restante et mélangez-les avec le sucre et la fécule de maïs dans un bol ; jetez le reste. Faites chauffer au micro-ondes, en remuant de temps en temps, jusqu'à épaississement, environ 1 minute ; mettez la préparation de côté.

Placez le poulet, côté peau vers le haut, dans le panier de la friteuse. Placez le panier dans la friteuse et réglez la température à 205 °C. Laissez cuire jusqu'à ce que le poulet soit doré et croustillant, 20 à 25 minutes, sans le retourner. Badigeonnez la peau du poulet avec le mélange de marinade épaissie. Remettez le panier dans la friteuse à air et laissez cuire jusqu'à ce que le poulet soit bien doré, environ 5 minutes. Déposez le poulet sur un plat de service, recouvrez-le de papier d'aluminium et laissez-le reposer pendant 5 minutes. Prélevez une cuillère de graisse du tiroir de la friteuse et jetez le reste.

Mélangez le gras réservé, les pois mange-tout, l'ail, le zeste de citron, le sel et le poivre dans un bol et mettez-le dans le panier de la friteuse. Faites cuire jusqu'à ce que les pois mange-tout soient tendres, 2 à 3 minutes. Déposez-les dans un bol de service et mélangez-les avec le jus de citron. Servez-les avec du poulet.

Escalopes de poulet au brocoli-rave

Temps total : **10 minutes**
Sert **2 personnes**

Ingrédients

- 2 escalopes de poulet
- ½ bouquet de brocoli-rave
- ⅓ tasse de chapelure assaisonnée
- 2 cuillères de farine tout usage
- 2 tranches de fromage provolone affiné
- ⅔ tasse de lanières de poivrons rouges rôtis
- 1 œuf, battu
- Sel et poivre

Préparation

Portez à ébullition une casserole d'eau salée sur la cuisinière. Faites blanchir le brocoli-rave pendant 3 minutes dans l'eau bouillante, puis égouttez-le. Lorsqu'il a un peu refroidi, pressez le plus d'eau, arrosez d'un peu d'huile d'olive, salez et poivrez et réservez-le. Séchez les poivrons rouges rôtis avec un torchon propre et réservez-les également.

Placez chaque blanc de poulet entre deux morceaux de film plastique. Utilisez un pilon à viande pour aplatir les escalopes de poulet à environ 2 cm d'épaisseur. Assaisonnez le poulet des deux côtés avec du sel et du poivre.

Mettez la farine dans un plat peu profond. Mettez l'œuf battu dans un deuxième plat peu profond et la chapelure dans un troisième. Enduisez le poulet de tous les côtés avec la farine. Secouez l'excédent de farine et plongez le poulet dans l'œuf. Laissez l'excédent d'œufs s'égoutter et enduisez les deux côtés du poulet de chapelure.

Vaporisez les blancs de poulet avec de l'huile d'olive et déposez-les dans le panier de la friteuse à air, en les espaçant uniformément. Placez le panier dans la friteuse et réglez la température à 205 °C. Faites cuire le poulet pendant 5 minutes. Retournez le poulet et faites-le cuire pendant une minute supplémentaire.

Ensuite, recouvrez le poulet avec le brocoli-rave et les poivrons rôtis. Placez une tranche de fromage provolone sur le dessus et fixez-la avec un ou deux cure-dents. Faites cuire à 180 °C pendant 3 à 4 minutes pour faire fondre le fromage et réchauffer le tout. Servez les escalopes de poulet avec des feuilles de laitue.

Pilons de poulet Buffalo

Temps total : **35 minutes**
Sert **2 personnes**

Ingrédients

- 4 pilons de poulet
- 1½ cuillère de paprika
- ½ cuillère de poivre de Cayenne
- ¼ cuillère de sel
- ¼ cuillère de poivre
- 1 cuillère d'huile d'olive
- 3 cuillères de sauce piquante
- 2 cuillères de beurre non salé
- 2 cuillères de mélasse
- ¼ cuillère de fécule de maïs
- 2 cuillères de fromage bleu émietté

Préparation

Dans un bol, combinez le paprika, le poivre de Cayenne, le sel et le poivre. Asséchez les pilons avec du papier essuie-tout. À l'aide d'une brochette métallique, percer 10 à 15 trous dans la peau de chaque pilon. Frottez-les avec de l'huile et saupoudrez-les uniformément du mélange d'épices.

Disposez les pilons dans le panier de la friteuse, en les espaçant uniformément et en alternant les extrémités. Placez le panier dans la friteuse et réglez la température à 205 °C. Faites cuire jusqu'à ce que le poulet soit croustillant, 22 à 25 minutes, en retournant le poulet à mi-cuisson. Déposez le poulet dans une grande assiette, recouvrez-le de papier d'aluminium et laissez-le reposer pendant 5 minutes.

Pendant ce temps, faites chauffer au micro-ondes la sauce piquante, le beurre, la mélasse et la fécule de maïs dans un grand bol, en remuant de temps en temps, jusqu'à ce qu'elle soit bien chaude, environ 1 minute. Incorporez le poulet et remuez pour l'enrober.

Déposez le poulet dans un plat de service et saupoudrez-le de fromage bleu et servez-le.

Boulettes de dinde

Temps total : **20 minutes**
Sert **2 personnes**

Ingrédients

- 450 g de dinde hachée
- ½ tasse d'oignon finement haché
- ⅓ tasse feta
- 4 cuillères de tomates séchées
- 1 œuf
- ½ cuillère de poudre d'ail
- ½ cuillère d'origan séché
- Une pincée de sel et de poivre

Préparation

Hachez finement l'oignon et mettez-le dans un bol avec le reste des ingrédients. Mélangez bien le tout.

Vaporisez légèrement le fond du panier de la friteuse à air avec du spray d'huile d'olive.

Façonnez des boulettes avec le mélange et déposez-les dans le panier de la friteuse, en les espaçant uniformément. Vous devrez probablement en faire deux lots.

Si vous trouvez que le mélange est trop humide, vous pouvez ajouter une cuillère de farine pour absorber une partie de l'humidité.

Faites cuire le premier lot dans la friteuse à 205 °C pendant 7 minutes. Retournez les boulettes et remettez le panier dans la friteuse, laissez cuire pendant 6 minutes supplémentaires ou jusqu'à ce que les bords commencent à brunir.

Retirez les boulettes et laissez-les reposer pendant quelques minutes avant de les servir.

Roulade de dinde farcie

Temps total : **50 minutes**
Sert **4 personnes**

Ingrédients

- 1 poitrine de dinde désossée, peau enlevée
- 1 cuillère à café de sel
- ½ cuillère à café de poivre noir
- 115 g de fromage de chèvre
- 1 cuillère à soupe de thym frais
- 1 cuillère à soupe de sauge fraîche
- 2 gousses d'ail, hachées
- 2 cuillères à soupe d'huile d'olive

Préparation

Préchauffez la friteuse à air à 190 °C.

À l'aide d'un couteau pointu, faites un papillon avec le blanc de dinde, assaisonnez les deux côtés avec du sel et du poivre et réservez.

Dans un petit bol, mélangez le fromage de chèvre, le thym, la sauge et l'ail.

Étalez le mélange de fromage sur le blanc de dinde, puis enroulez-le fermement, en repliant les extrémités en dessous.

Placez la roulade de dinde sur un morceau de papier d'aluminium, enveloppez-la et placez-la dans la friteuse à air.

Faites cuire la dinde dans la friteuse pendant 30 minutes. Retirez le papier d'aluminium de la poitrine de dinde et badigeonnez le dessus avec de l'huile, puis poursuivez la cuisson pendant 10 à 15 minutes supplémentaires, ou jusqu'à ce que l'extérieur soit doré.

Retirez la dinde de la friteuse et coupez-la en tranches et servez-la avec un peu de persil sur le dessus.

Poitrine de dinde aux cerises

Temps total : **50 minutes**
Sert **4 personnes**

Ingrédients

- 1 petite poitrine de dinde
- 2 cuillères d'huile d'olive
- 1 cuillère de thym séché
- ½ cuillère de sauge séchée
- 1 cuillère de sel
- ½ cuillère de poivre noir
- ½ tasse de confiture de cerises
- 1 cuillère de feuilles de thym frais hachées
- 1 cuillère de sauce soja

Préparation

Badigeonnez la poitrine de dinde de toute l'huile d'olive. Mélangez le thym, la sauge, le sel et le poivre et frottez l'extérieur de la poitrine de dinde avec le mélange d'épices.

Déposez la poitrine de dinde assaisonnée dans le panier de la friteuse, côté peau vers le haut, et faites-la cuire à 180 °C pendant 25 minutes. Retournez la dinde sur le côté et faites-la cuire pendant 12 minutes supplémentaires. Retournez la dinde sur le côté opposé et faites-la cuire pendant 12 minutes supplémentaires.

Pendant la cuisson de la dinde, préparez le glaçage en mélangeant la confiture de cerises, le thym frais, la sauce soja et le poivre dans un petit bol. Lorsque le temps de cuisson est écoulé, remettez la poitrine de dinde en position verticale et badigeonnez-la de glaçage. Faites cuire la dinde pendant 5 minutes, jusqu'à ce que la peau soit bien dorée et croustillante.

Déposez la dinde sur une planche à découper, recouvrez-la de papier d'aluminium et laissez-la reposer pendant 5 minutes avant de la découper en tranches et de la servir.

Cuisses de dinde épicées

Temps total : **35 minutes**
Sert **2 personnes**

Ingrédients

- 4 cuisses de dinde
- 1 cuillère de sel
- 1 cuillère de poivre
- 1 cuillère de beurre
- ¼ cuillère de romarin
- ¼ cuillère d'origan
- ¼ cuillère de thym

Préparation

Asséchez les cuisses de dinde en les tapotant avec du papier essuie-tout, puis assaisonnez-les avec du sel et du poivre

Dans un petit bol, combinez le beurre avec les épices et mélangez bien. Frottez le mélange de beurre sur toutes les cuisses de la dinde et sous la peau si possible.

Déposez les cuisses de dinde dans le panier de la friteuse, en les espaçant uniformément et en alternant les extrémités. Placez le panier dans la friteuse et réglez la température à 175 °C. Faites cuire jusqu'à ce que la dinde soit croustillante, 25 à 30 minutes, en retournant les cuisses à mi-cuisson.

Déposez les cuisses dans une grande assiette, recouvrez-les de papier d'aluminium et laissez-les reposer pendant 5 minutes avant de les servir.

Pain de viande à la grecque

Temps total : **30 minutes**
Sert **6 personnes**

Ingrédients

- 450 g de viande de bœuf hachée
- 2 œufs
- 2 tomates Roma, coupées en dés
- ½ oignon blanc, coupé en dés
- ½ tasse de chapelure
- 1 cuillère à café de poudre d'ail
- 1 cuillère à café d'origan séché
- 1 cuillère à café de thym séché
- 1 cuillère à café de sel
- 1 cuillère à café de poivre noir
- 60 g de fromage mozzarella, râpé
- 1 cuillère à soupe d'huile d'olive

Préparation

Préchauffez la friteuse à air à 190 °C.

Dans un grand bol, mélangez le bœuf haché, les œufs, les tomates, l'oignon, la chapelure, la poudre d'ail, l'origan, le thym, le sel, le poivre et le fromage.

Façonnez un pain, en l'aplatissant jusqu'à ce qu'il fasse 3 cm d'épaisseur.

Badigeonnez le dessus avec de l'huile d'olive, puis placez le pain de viande dans le panier de la friteuse à air et faites-le cuire pendant 25 minutes.

Retirez le pain de viande de la friteuse à air et laissez-le reposer pendant 5 minutes, avant de le couper en tranches et de le servir avec un peu de persil.

BŒUF, PORC ET AGNEAU

Steak épicé avec salade

Temps total : **30 minutes**
Sert **2 personnes**

Ingrédients

- 1 entrecôte désossée
- 200 g d'oignons cipollini, pelés
- 2 gousses d'ail, coupées en rondelles
- 4 cuillères de vinaigre balsamique
- 1 cuillère de moutarde de Dijon
- 1 cuillère de feuilles de thym frais
- Sel et poivre

Préparation

Mélangez les 3 cuillères de vinaigre balsamique, l'ail, la moutarde de Dijon et le thym dans un petit bol. Versez cette marinade sur le steak. Percez le steak plusieurs fois avec un couteau et assaisonnez-le généreusement avec du poivre. Retournez le steak et percez l'autre côté de la même manière, en assaisonnant à nouveau avec le poivre. Faites mariner le steak pendant 2 à 24 heures au réfrigérateur.

Lorsque vous êtes prêt à cuisiner, sortez le steak du réfrigérateur et laissez-le reposer à température ambiante pendant 30 minutes. Assaisonnez le steak avec du sel et mettez-le dans le panier de la friteuse à air. Placez le panier dans la friteuse et réglez la température à 205 °C. Faites cuire pendant 12 à 16 minutes, en retournant le steak une fois à mi-cuisson.

Pendant que le steak cuit, mélangez les oignons avec une cuillère de vinaigre balsamique et assaisonnez avec du sel.

Retirez le steak de la friteuse à air et laissez-le reposer pendant que vous faites frire les oignons. Transférez les oignons dans le panier de la friteuse et faites-les frire à pendant 10 minutes, en ajoutant quelques minutes supplémentaires si vos oignons sont très gros.

Coupez le steak en biais et servez-le avec les oignons frits dessus.

Steak avec champignons

Temps total : **30 minutes**
Sert **2 personnes**

Ingrédients

- 1 bifteck de surlonge, coupé en deux
- 400 g de champignons, coupés en deux
- 1 tasse d'oignons perlés, décongelés
- 3 cuillères d'huile d'olive
- 4 gousses d'ail, hachées
- 2 cuillères de thym frais haché
- 60 g de fromage bleu, émietté
- ¼ tasse de crème épaisse
- 1 cuillère de persil frais haché
- Sel et poivre

Préparation

Dans un bol, mélangez les champignons et les oignons avec 2 cuillères d'huile, l'ail, le thym et ½ cuillère de sel ; mettez-les dans le panier de la friteuse à air. Placez le panier dans la friteuse et réglez la température à 205 °C. Faites cuire jusqu'à ce que les champignons et les oignons commencent à brunir, 12 à 15 minutes, en remuant à mi-cuisson.

Asséchez les biftecks avec du papier essuie-tout, frottez-les avec le reste de l'huile, puis assaisonnez-les avec du sel et du poivre. Remuez les champignons et les oignons, puis placez les biftecks sur le dessus, en les espaçant uniformément. Remettez le panier dans la friteuse et faites cuire, pendant 13 à 18 minutes, en retournant les steaks à mi-cuisson. Transférez les steaks sur une planche à découper et le mélange champignons-oignons dans un bol de service. Recouvrez chacun d'une feuille d'aluminium et laissez reposer pendant la préparation de la sauce.

Faites chauffer au micro-ondes, dans un bol, ¼ tasse de fromage bleu et de crème, en fouettant de temps en temps, jusqu'à ce que le fromage bleu soit fondu et lisse, environ 30 secondes, en remuant une fois à mi-cuisson. Laissez la sauce refroidir légèrement, puis ajoutez le reste du fromage bleu.

Incorporez le persil dans le mélange champignons-oignons et assaisonnez de sel et de poivre selon votre goût. Tranchez les steaks et servez-les avec le mélange champignons-oignons et la sauce.

Steak avec pommes de terre

Temps total : **30 minutes**
Sert **2 personnes**

Ingrédients

- 1 bavette de bœuf, coupée en deux
- 450 g de petites pommes de terre, non pelées
- 5 cuillères d'huile d'olive
- 2 cuillères de miel, réchauffé
- 2 cuillères de persil frais haché
- 1½ cuillère de vinaigre de vin rouge
- 1½ cuillère d'origan frais haché
- 1 gousse d'ail haché
- ⅛ cuillère de flocons de piment rouge
- Sel et poivre

Préparation

Dans un bol, mélangez les pommes de terre rouges avec 2 cuillères d'huile, ¼ cuillère de sel et ¼ cuillère de poivre ; mettez-les dans le panier de la friteuse à air. Placez le panier dans la friteuse, réglez la température à 205 °C et faites cuire pendant 12 minutes.

Mélangez le miel et 1 cuillère d'huile dans un petit bol. Asséchez les biftecks avec du papier absorbant, badigeonnez-les avec le mélange miel-huile et assaisonnez-les avec du sel et du poivre. Déposez les biftecks sur les pommes de terre, en les espaçant uniformément. Remettez le panier dans la friteuse à air et faites cuire jusqu'à ce que les steaks soient dorés, pendant 8 à 10 minutes, en retournant les steaks à mi-cuisson. Transférez les steaks sur une planche à découper et les pommes de terre dans un bol de service. Recouvrez chacun d'une feuille d'aluminium et laissez reposer pendant la préparation de la sauce.

Dans un bol séparé, combinez les 2 cuillères restantes d'huile, le persil, le vinaigre, l'origan, l'ail et les flocons de piment et assaisonnez avec du sel et du poivre selon votre goût.

Tranchez les steaks en fines tranches et servez-les avec des pommes de terre et la sauce.

Côtes de bœuf aux herbes

Temps total : **45 minutes**
Sert **2 personnes**

Ingrédients

- 2 côtes de bœuf avec os
- 4 cuillères de beurre, ramolli
- 2 gousses d'ail, hachées
- 2 cuillères de persil haché
- 1 cuillère de ciboulette hachée
- 1 cuillère de thym haché
- 1 cuillère de romarin haché
- Sel et poivre

Préparation

Dans un petit bol, mélangez le beurre et les herbes. Placez le mélange au centre d'un morceau de film plastique et roulez le tout pour former une bûche. Tordez les extrémités ensemble pour les garder serrées et réfrigérez jusqu'à ce qu'elles durcissent, 20 minutes.

Asséchez les côtes de bœuf avec du papier absorbant et assaisonnez-les des deux côtés avec du sel et du poivre.

Déposez les côtes dans le panier de la friteuse à air. Placez le panier dans la friteuse et réglez la température à 205 °C. Faites cuire les côtes pendant 12 à 25 minutes, en les retournant à mi-cuisson.

Garnissez les côtes d'une tranche de beurre aux herbes congelée avant de les servir.

Steak à la coréenne

Temps total : **30 minutes**
Sert **2 personnes**

Ingrédients

- 700 g de bifteck de surlonge, coupé en morceaux
- 2 cuillères d'huile de sésame
- 2 cuillères de gingembre frais râpé
- 1 gousse d'ail, hachée en pâte
- 5 cuillères de miel
- 2 cuillères de sauce soja
- 3 cuillères de vinaigre de riz
- ½ chou chinois nappa, tranché finement
- 1 carotte, râpée
- 2 cuillères de graines de sésame grillées
- 3 oignons verts, tranchés finement en biais

Préparation

Dans un grand bol, faites chauffer au micro-ondes 1 cuillère d'huile, 1 cuillère de gingembre et de l'ail jusqu'à ce que le mélange soit parfumé, environ 30 secondes, en remuant une fois à mi-parcours. Ajoutez 3 cuillères de miel et 1 cuillère de sauce soja en fouettant jusqu'à ce que le mélange soit lisse. Ajoutez les morceaux de viande et remuez pour les enrober.

Déposez les morceaux de viande dans le panier de la friteuse, en les espaçant uniformément. Placez le panier dans la friteuse et réglez la température à 205 °C. Faites cuire jusqu'à ce que la viande soit légèrement dorée, pendant 13 à 18 minutes, en retournant la viande à mi-cuisson. Transférez les morceaux de viande sur un plat de service, recouvrez-les de papier d'aluminium et laissez-les reposer pendant la préparation de la salade.

Dans un grand bol, fouettez ensemble le vinaigre, le reste d'huile, le gingembre restant, les deux cuillères de miel restantes et le reste de la sauce soja. Incorporez le chou et la carotte et remuez pour enrober. Laissez reposer pendant 5 minutes, puis ajoutez 1 cuillère de graines de sésame.

Saupoudrez la viande avec 1 cuillère de graines de sésame et d'oignons verts restants et servez avec la salade.

Côtes courtes avec salade

Temps total : **45 minutes**
Sert **2 personnes**

Ingrédients

- 350 g de côtes courtes désossées, coupées en morceaux
- 500 g de céleri-rave, coupé en morceaux
- 4 cuillères d'huile d'olive
- 1½ cuillère de fenouil moulu
- 1 cuillère de café moulu
- 1 cuillère de sucre brun
- ½ cuillère de poudre d'ail
- ½ tasse de graines de grenade
- ½ tasse de feuilles de persil frais
- 1 cuillère de jus de citron
- Sel et poivre

Préparation

Dans un bol, mélangez le céleri-rave avec 2 cuillères d'huile, ⅛ cuillère de sel et ⅛ cuillère de poivre ; mettez-le dans le panier de la friteuse à air. Placez le panier dans la friteuse et réglez la température à 205 °C. Faites cuire le céleri-rave jusqu'à ce qu'il soit tendre, environ 20 minutes, en le remuant à mi-cuisson.

Dans un petit bol, combinez le fenouil, le café, le sucre, la poudre d'ail, ¼ cuillère de sel et ¼ cuillère de poivre. Asséchez la viande avec du papier essuie-tout, frottez la viande avec une cuillère d'huile et saupoudrez-la uniformément du mélange d'épices.

Remuez le céleri rave, puis déposez la viande dessus, en l'espaçant régulièrement. Remettez le panier dans la friteuse à air et réglez la température à 120 °C. Faites cuire le bœuf 18 à 24 minutes, en le retournant à mi-cuisson. Transférez la viande sur une planche à découper, recouvrez-la de papier d'aluminium et laissez-la reposer pendant la préparation de la salade.

Transférez le céleri-rave dans un grand bol, ajoutez les graines de grenade, le persil, le jus de citron et la cuillère d'huile restante, et remuez pour bien enrober.

Tranchez finement la viande et servez avec la salade.

Brochettes de bœuf et de légumes

Temps total : **30 minutes**
Sert **2 personnes**

Ingrédients

- 350 g de bifteck de surlonge, coupé en morceaux
- 6 cuillères d'huile d'olive
- 1 cuillère de gingembre frais râpé
- 1 gousse d'ail haché
- ¼ cuillère de flocons de piment rouge
- 1 cuillère d'huile de sésame
- 2 cuillères de sauce soja
- 1½ cuillère de miel
- ½ cuillère de zeste d'orange râpé
- 1 cuillère de jus d'orange
- 1 petit oignon rouge, coupé en quartiers
- 100 g de champignons, coupés en deux
- 1 courgette, coupée en rondelles
- ¼ cuillère de sel
- ¼ cuillère de poivre
- 5 brochettes en bois

Préparation

Faites chauffer au micro-ondes, dans un grand bol, 4 cuillères d'huile d'olive, le gingembre, l'ail et les flocons de piment jusqu'à ce qu'ils soient parfumés, environ 30 secondes, en remuant une fois à mi-parcours. Fouettez l'huile de sésame, la sauce de soja, le miel, le zeste et le jus d'orange jusqu'à ce qu'ils soient bien mélangés. Prenez 3 cuillères du mélange d'huile et réservez-les. Ajoutez le bœuf au reste du mélange d'huile et remuez bien pour l'enrober ; mettez-le de côté.

Entre-temps, dans un bol, mélangez l'oignon rouge, les champignons et les courgettes avec les 2 cuillères restantes d'huile d'olive, le sel et le poivre. Enfilez 1 morceau d'oignon sur une brochette en bois. Enfilez un tiers des courgettes et des champignons sur la brochette, puis le deuxième morceau d'oignon. Répétez l'enfilage du reste des légumes avec deux autres brochettes. Déposez les brochettes dans le panier de la friteuse, parallèlement les unes aux autres et à intervalles réguliers. Placez le panier dans la friteuse et réglez la température à 205 °C. Faites cuire jusqu'à ce que les légumes commencent à brunir, environ 8 minutes.

Pendant que les brochettes de légumes cuisent, enfilez le bœuf uniformément sur les 2 autres brochettes. Retournez les brochettes de légumes, puis déposez les brochettes de bœuf sur le dessus, perpendiculairement aux brochettes de légumes. Remettez le panier dans la friteuse à air et faites cuire jusqu'à ce que les légumes soient croustillants et tendres, soit 10 à 14 minutes, en retournant les brochettes de bœuf à mi-cuisson.

Transférez les brochettes sur un plat de service, recouvrez-les de papier d'aluminium et laissez-les reposer pendant 5 minutes. Fouettez le mélange d'huile réservé pour le recombiner. À l'aide d'une fourchette, retirez le bœuf et les légumes des brochettes et déposez-les sur un plat de service et arrosez-les du mélange d'huile. Servez.

Boulettes avec des nouilles de courgettes

Temps total : **45 minutes**
Sert **2 personnes**

Ingrédients

- 450 g de viande hachée
- 1 tranche de pain de mie, émiettée
- 30 g de fromage parmesan, râpé
- 1 gros œuf
- 3 cuillères de lait
- 1 échalote, hachée
- ¼ tasse de basilic frais haché
- 1 cuillère de poudre d'ail
- 450 g de nouilles de courgette
- 2 cuillères d'huile d'olive
- ¾ tasse de sauce marinara, réchauffée
- Sel et poivre

Préparation

Dans un grand bol, avec une fourchette, réduisez en pâte le pain, l'œuf et le lait. Incorporez l'échalote, le parmesan, 2 cuillères de basilic, la poudre d'ail, ¼ cuillère de sel et ¼ cuillère de poivre. Émiettez le bœuf haché sur le mélange de pain dans le bol et pétrissez légèrement avec les mains jusqu'à ce que le tout soit bien mélangé. Pincez et roulez le mélange en quatre boulettes de viande.

Déposez les boulettes de viande dans le panier de la friteuse, en les espaçant uniformément. Placez le panier dans la friteuse à air, réglez la température à 120 °C et faites cuire pendant 20 minutes. Retournez les boulettes de viande et continuez à les faire cuire jusqu'à ce qu'elles soient bien dorées, pendant 10 à 15 minutes. Transférez les boulettes de viande sur un plateau de service, recouvrez-les de papier d'aluminium et laissez-les reposer pendant la préparation des nouilles.

Dans un bol propre, mélangez les nouilles de courgettes avec de l'huile et assaisonnez-les avec du sel et du poivre. Déposez les nouilles en couche uniforme dans le panier de la friteuse à air, maintenant vide. Remettez le panier dans la friteuse et réglez la température à 205 °C. Faites cuire jusqu'à ce que les nouilles soient à peine tendres, 5 à 7 minutes.

Répartissez les courgettes et les boulettes de viande dans des bols individuels et nappez-les de sauce marinara chaude. Saupoudrez-les de basilic et servez-les, avec un supplément de parmesan.

Bœuf aux herbes avec oignons

Temps total : **15 minutes**
Sert **4 personnes**

Ingrédients

- 450 g d'entrecôte, coupée en cubes
- 2 gousses d'ail, hachées
- 2 cuillères à soupe d'huile d'olive
- 1 cuillère à soupe d'origan frais
- 1 cuillère à café de sel
- ½ cuillère à café de poivre noir
- 1 oignon jaune, en fines lamelles

Préparation

Préchauffez la friteuse à air à 190 °C.

Dans un bol moyen, mélangez la viande, l'ail, l'huile d'olive, l'origan, le sel, le poivre et l'oignon. Mélangez jusqu'à ce que le bœuf et l'oignon soient bien enrobés.

Mettez le mélange de viande assaisonnée dans le panier de la friteuse à air. Faites rôtir le mélange pendant 5 minutes. Remuez et faites rôtir pendant 5 minutes de plus.

Laissez reposer la viande pendant 5 minutes avant de le servir avec vos accompagnements préférés.

Côtes de porc croustillantes

Temps total : **30 minutes**
Sert **2 personnes**

Ingrédients

- 2 côtes de porc désossées
- ¾ tasse de chapelure
- 2 cuillères de beurre non salé, fondu
- 1 gros œuf
- 2 cuillères de moutarde de Dijon
- 1 cuillère de farine tout usage
- 1½ cuillère de moutarde sèche
- ½ cuillère de poudre d'ail
- ¼ cuillère de sel
- ¼ cuillère de poivre de Cayenne

Préparation

Dans un bol, mélangez la chapelure avec le beurre fondu jusqu'à ce qu'elle soit bien enrobée. Faites chauffer le mélange au micro-ondes, en remuant fréquemment, jusqu'à ce que la chapelure soit légèrement dorée, pendant 1 à 3 minutes ; mettez chapelure dans un plat peu profond. Dans un second plat peu profond, fouettez ensemble l'œuf, la moutarde de Dijon, la farine, la moutarde sèche, la poudre d'ail, le sel et le poivre de Cayenne.

Asséchez les côtes en les tapotant avec du papier essuie-tout. À l'aide d'un couteau aiguisé, percez deux fentes, espacées d'environ 5 cm, dans la graisse sur les bords de chaque côtelette. Coupez de petites fentes en hachures croisées sur les deux faces des côtelettes. En travaillant avec une côte à la fois, trempez les côtes dans le mélange d'œufs, en laissant l'excédent s'égoutter, puis enduisez-les du mélange de chapelure, en pressant doucement pour faire adhérer.

Vaporisez légèrement le fond du panier de la friteuse avec de l'huile d'olive. Déposez les côtes dans le panier préparé, en les espaçant uniformément. Placez le panier dans la friteuse et réglez la température à 205 °C. Faites cuire jusqu'à ce que les côtes soient croustillantes, 18 à 22 minutes, en les retournant à mi-cuisson.

Servez les côtes avec des quartiers de citron.

Côtes de porc à l'origan avec salade

Temps total : **30 minutes**
Sert **2 personnes**

Ingrédients

- 2 côtes de porc désossées
- 2 cuillères d'origan frais haché
- 4 cuillères d'huile d'olive
- 2 cuillères de miel
- 2 gousses d'ail, hachées
- 1½ cuillère de zeste de citron
- 2 cuillères de jus de citron
- Sel et poivre
- 2 cuillères de yaourt nature
- 350 g de tomates cerises, coupées en deux
- 1 tasse de roquette
- 60 g de fromage feta, émietté
- 1 petite échalote, coupée en fines tranches

Préparation

Au micro-ondes, faites chauffer 1 cuillère d'origan, 2 cuillères d'huile, le miel, la moitié de l'ail et ½ cuillère de zeste de citron dans un bol jusqu'à ce qu'il soit odorant, environ 30 secondes, en remuant une fois à mi-parcours.

Asséchez les côtes en les tapotant avec du papier essuie-tout. À l'aide d'un couteau bien aiguisé, percez deux fentes, espacées d'environ 5 cm, dans la graisse sur les bords de chaque côtelette. Badigeonnez les côtelettes avec le mélange d'huile et assaisonnez-les avec du sel et du poivre. Déposez les côtelettes dans le panier de la friteuse, en les espaçant uniformément. Placez le panier dans la friteuse et réglez la température à 205 °C. Faites cuire les côtelettes pendant 16 à 20 minutes, en les retournant à mi-cuisson. Transférez les côtelettes dans une assiette, recouvrez-les de papier d'aluminium et laissez-les reposer pendant la préparation de la salade.

Dans un grand bol, fouettez le yaourt, le reste de l'huile, d'origan, d'ail, le zeste de citron, le jus de citron, le sel et le poivre. Incorporez les tomates, la roquette, la feta et l'échalote, puis mélangez pour bien les enrober. Assaisonnez avec du sel et du poivre selon votre goût.

Servez les côtes avec la salade.

Filet de porc au prosciutto

Temps total : **30 minutes**
Sert **2 personnes**

Ingrédients

- 2 filets de porc, coupés en deux
- 6 cuillères de beurre non salé, fondu
- ¼ cuillère de poivre
- 12 fines tranches de prosciutto
- 8 grandes feuilles de sauge fraîche

Préparation

Asséchez les filets avec du papier absorbant, badigeonnez-les de 3 cuillères de beurre fondu et assaisonnez-les avec du poivre. Pour chaque morceau de viande, posez 3 tranches de prosciutto sur une planche à découper, les bords se chevauchant légèrement, et posez le porc au centre. (Repliez les extrémités les plus fines des filets sous elles-mêmes selon les besoins pour créer des paquets uniformes). Recouvrez de 2 feuilles de sauge, puis repliez le prosciutto autour du filet de porc, en appuyant sur les extrémités qui se chevauchent pour le fixer. Badigeonnez les filets de porc avec les 3 cuillères de beurre fondu restantes et placez le côté de la couture vers le bas dans le panier de la friteuse.

Placez le panier dans la friteuse et réglez la température à 205 °C. Faites cuire les filets pendant 20 à 25 minutes. Transférez les filets de porc sur une planche à découper, recouvrez-les de papier d'aluminium et laissez-les reposer pendant 5 minutes.

Tranchez les filets de porc et servez-les avec des quartiers de citron.

Filet de porc avec la courge musquée

Temps total : **30 minutes**
Sert **2 personnes**

Ingrédients

- 1 filet de porc, coupé en deux
- 600 g de courge musquée, coupée en morceaux
- 1 cuillère de beurre non salé, fondu
- 3½ cuillères de mélasse
- 1 cuillère de paprika
- 1 gousse d'ail hachée
- 1 cuillère de zeste de citron vert
- 1 cuillère de jus de citron vert
- 2 cuillères de pépites rôties
- 1 cuillère de ciboulette fraîche hachée
- Sel et poivre

Préparation

Dans un grand bol, mélangez la courge avec 1½ cuillère de beurre fondu, ⅛ cuillère de sel et ⅛ cuillère de poivre ; mettez-la dans le panier de la friteuse à air. Placez le panier dans la friteuse et réglez la température à 175 °C. Faites cuire la courge pendant 8 minutes, en la remuant à mi-cuisson.

Pendant ce temps, faites chauffer au micro-ondes dans un bol 3 cuillères de mélasse, le paprika, l'ail, ½ cuillère de sel et ½ cuillère de poivre jusqu'à ce que le mélange soit parfumé, environ 30 secondes, en remuant à mi-cuisson. Asséchez le porc avec du papier essuie-tout, ajoutez-le au mélange de mélasse et remuez pour bien l'enrober.

Remuez la courge, puis déposez les morceaux de filet par-dessus (repliez l'extrémité la plus fine du filet sous la courge pour créer des morceaux uniformes). Remettez le panier dans la friteuse à air et faites cuire les filets pendant 16 à 21 minutes, en les retournant à mi-cuisson. Transférez les filets de porc dans une grande assiette, recouvrez-les de papier d'aluminium et laissez-les reposer pendant que vous finissez la cuisson de la courge.

Dans un bol moyen, fouettez le zeste et le jus de citron vert, le reste de la mélasse et le reste du beurre fondu. Incorporez les courges, les pépites et la ciboulette, puis remuez pour bien les enrober. Assaisonnez avec du sel et du poivre selon votre goût.

Tranchez les filets de porc et servez-les avec le mélange de courge.

Brochettes de porc à l'ananas

Temps total : **30 minutes**
Sert **2 personnes**

Ingrédients

- 350 g de côtes de porc désossées, coupées en morceaux
- 1 poivron rouge, coupé en morceaux
- 1 petit oignon rouge, coupé en morceaux
- 4 cuillères d'huile d'olive
- 2 gousses d'ail, hachées
- 1½ cuillère de gingembre frais râpé
- ¼ cuillère de flocons de piment rouge
- 1½ tasse d'ananas, coupé en morceaux
- 2 cuillères de ketchup
- 4 cuillères de sauce soja
- 2 cuillères de sucre brun
- Sel et poivre
- 5 brochettes en bois

Préparation

Dans un grand bol, faites chauffer au micro-ondes 4 cuillères d'huile, l'ail, le gingembre et les flocons de piment jusqu'à ce qu'ils soient parfumés, environ 30 secondes, en remuant une fois à mi-parcours. Incorporez 2 morceaux d'ananas et écrasez-les à la fourchette jusqu'à ce qu'ils soient pratiquement lisses. Ajoutez le ketchup, la sauce soja et le sucre en remuant. Ajoutez le porc et remuez pour l'enrober ; mettez cette préparation de côté.

Mélangez le reste des ananas, poivrons et oignons avec les 2 cuillères d'huile restantes dans un autre bol et assaisonnez avec du sel et du poivre. Enfilez 1 morceau d'oignon sur une brochette en bois. Enfilez un tiers de l'ananas et du poivron sur la brochette, puis le deuxième morceau d'oignon. Répétez l'opération avec les autres légumes et l'ananas en enfilant deux autres brochettes. Déposez les brochettes dans le panier de la friteuse à air, parallèlement les unes aux autres et à intervalles réguliers. Placez le panier dans la friteuse, réglez la température à 205 °C et faites-les cuire pendant 5 minutes.

Pendant ce temps, enfilez le porc uniformément sur les 2 autres brochettes. Retournez les brochettes d'ananas et de légumes, puis déposez les brochettes de porc par-dessus, perpendiculairement aux brochettes d'ananas et de légumes. Remettez le panier dans la friteuse et faites cuire jusqu'à ce que les légumes soient tendres et croquants, 12 à 16 minutes, en retournant les brochettes de porc à mi-cuisson. Servez.

Côtelettes d'agneau à la moutarde

Temps total : **35 minutes**
Sert **2 personnes**

Ingrédients

- 4 côtelettes d'agneau
- 450 g de carottes, coupées en bâtonnets
- 4 cuillères d'huile d'olive
- 1 cuillère de miel, réchauffé
- 1 cuillère de moutarde de Dijon
- 1½ cuillère de thym frais haché
- 1 gousse d'ail hachée
- 1 cuillère de zeste de citron râpé
- 1 cuillère de jus de citron
- 1 cuillère d'eau
- Sel et poivre

Préparation

Dans un bol, mélangez les carottes avec 1 cuillère d'huile, ⅛ cuillère de sel et ⅛ cuillère de poivre ; mettez-les dans le panier de la friteuse à air. Placez le panier dans la friteuse, réglez la température à 175 °C et faites-les cuire pendant 14 minutes, en les remuant à mi-cuisson.

Dans un petit bol, combinez 2 cuillères de miel et 2 cuillères d'huile. Asséchez les côtelettes avec du papier absorbant, badigeonnez-les du mélange miel-huile, puis assaisonnez-les avec du sel et du poivre. Remuez les carottes, puis déposez les côtelettes par-dessus, en les espaçant uniformément. Remettez le panier dans la friteuse à air et faites cuire jusqu'à ce que les côtelettes soient légèrement dorées, pendant 10 à 15 minutes, en retournant les côtelettes à mi-cuisson.

Dans un bol moyen, faites chauffer au micro-ondes la moutarde, le thym, l'ail, le zeste et le jus de citron, l'eau, le reste de l'huile et le reste du miel jusqu'à ce qu'ils soient parfumés, environ 30 secondes, en remuant une fois à mi-cuisson. Transférez les côtelettes dans une assiette et badigeonnez-les avec 1 cuillère de mélange de moutarde. Recouvrez-les de papier d'aluminium et laissez-les reposer pendant que vous finissez les carottes.

Mettez les carottes dans le bol avec le reste du mélange de moutarde et remuez bien pour les enrober. Assaisonnez avec du sel et du poivre selon votre goût.

Servez les côtelettes d'agneau avec les carottes.

Tacos de kefta d'agneau

Temps total : **20 minutes**
Sert **2 personnes**

Ingrédients

- 300 g d'agneau haché
- ½ tasse de yaourt grec nature
- 4 cuillères de menthe fraîche hachée
- 2 cuillères de jus de citron
- 1 gousse d'ail hachée
- ¼ concombre anglais, râpé
- 1 petite tomate, coupée en tranches
- ¼ tasse d'oignon rouge finement tranché
- 1 tasse de laitue déchiquetée
- Sel et poivre
- 2 pains pita

Préparation

Dans un bol moyen, fouettez le yaourt, la menthe, le jus de citron, l'ail, ¼ cuillère de sel et ⅛ cuillère de poivre jusqu'à ce que le tout soit bien mélangé. Mettez 2 cuillères de mélange de yaourt dans un bol séparé ; mettez le reste du mélange de yaourt de côté pour le service. Émiettez l'agneau haché en petits morceaux sur les deux cuillères du mélange de yaourt et ajoutez ⅛ cuillère de sel et ⅛ cuillère de poivre. Pétrissez légèrement avec les mains jusqu'à ce que le tout soit bien mélangé. Divisez le mélange en 4 boules légèrement tassées, puis façonnez des cylindres d'environ 10 cm.

Déposez les keftas d'agneau dans le panier de la friteuse à air, en les espaçant uniformément. Placez le panier dans la friteuse et réglez la température à 205 °C. Faites cuire jusqu'à ce que les keftas soient légèrement dorées, soit environ 10 minutes, en les retournant après 7 minutes de cuisson.

Incorporez le concombre à la sauce au yaourt réservée et assaisonnez avec du sel et du poivre selon votre goût. Répartissez les keftas, la tomate, l'oignon et la laitue de façon homogène sur chaque pita et arrosez chaque roulé de 2 cuillères de la sauce au yaourt. Servez les tacos avec le reste de la sauce séparément.

Carré d'agneau en croûte

Temps total : **40 minutes**
Sert **2 personnes**

Ingrédients

- 800 g de carré d'agneau
- 60 g de chapelure
- 1 cuillère d'ail râpé
- 1 cuillère de graines de cumin
- 1 cuillère de cumin moulu
- 1 cuillère d'huile d'olive
- Zeste de ¼ citron
- 1 œuf, battu
- Sel et poivre

Préparation

Asséchez le carré d'agneau en le tapotant avec du papier essuie-tout. Assaisonnez-le avec du sel et du poivre noir. Laissez-le de côté.

Dans un plat peu profond, mélangez la chapelure, l'ail, le sel, les graines de cumin, le cumin moulu, l'huile et le zeste de citron. Dans un second plat peu profond, fouettez l'œuf.

Trempez le carré d'agneau dans l'œuf et enduisez-le du mélange de chapelure, en formant une croûte, en pressant doucement pour faire adhérer.

Vaporisez légèrement le fond du panier de la friteuse avec de l'huile d'olive. Déposez le carré d'agneau dans le panier préparé. Placez le panier dans la friteuse et réglez la température à 100 °C. Faites cuire pendant 25 minutes.

Après 25 minutes, augmentez la température à 200 °C et réglez la minuterie pour 5 minutes supplémentaires.

Déposez l'agneau dans une grande assiette, recouvrez-le de papier d'aluminium et laissez-le reposer pendant 10 minutes avant de le servir.

Boulettes d'agneau au couscous

Temps total : **30 minutes**
Sert **2 personnes**

Ingrédients

- 300 g d'agneau haché
- ⅔ tasse de yaourt nature
- 2½ cuillères d'aneth frais haché
- 1 gousse d'ail haché
- ½ cuillère de cumin moulu
- ¼ cuillère de cannelle moulue
- ¼ tasse d'eau
- ¼ cuillère de zeste d'orange
- ¼ tasse de jus d'orange
- ½ tasse de couscous
- 2 cuillères de raisins secs hachés
- ¼ tasse carotte râpée
- 2 cuillères d'amandes grillées hachées
- Sel et poivre

Préparation

Dans un bol, fouettez le yaourt, 1 cuillère d'aneth, l'ail, ¼ cuillère de sel et ⅛ cuillère de poivre jusqu'à ce que le tout soit bien mélangé. Mettez 2 cuillères de sauce au yaourt dans un bol moyen ; mettez le reste de la sauce au yaourt de côté pour le service. Émiettez l'agneau haché en petits morceaux sur les deux cuillères de mélange de yaourt et ajoutez le cumin, la cannelle, ⅛ cuillère de sel, et ⅛ cuillère de poivre. Pétrissez légèrement avec les mains jusqu'à ce que le tout soit bien mélangé. Pincez et roulez le mélange en 6 boulettes de viande.

Déposez les boulettes de viande dans le panier de la friteuse, en les espaçant uniformément. Placez le panier dans la friteuse et réglez la température à 205 °C. Faites cuire les boulettes de viande jusqu'à ce qu'elles soient légèrement dorées, pendant 13 à 15 minutes, en les retournant au bout de 10 minutes.

Entre-temps, dans un grand bol, combinez l'eau et le jus d'orange et faites chauffer au micro-ondes jusqu'à ébullition, pendant 3 à 5 minutes. Incorporez le couscous, les raisins secs, le zeste d'orange et ⅛ cuillère de sel. Couvrez et laissez reposer jusqu'à ce que le couscous soit tendre et que tout le liquide ait été absorbé, soit environ 7 minutes. Ajoutez la carotte et 1 cuillère d'aneth et remuez doucement à la fourchette pour bien mélanger.

Répartissez le couscous dans des bols de service individuels et garnissez de boulettes de viande. Saupoudrez d'amandes et du reste d'aneth et servez avec la sauce au yaourt réservée.

Nœuds de bacon à l'érable

Temps total : **15 minutes**
Sert **2 personnes**

Ingrédients

- 400 g de bacon, coupé en lanières
- ¼ tasse de sirop d'érable
- ¼ tasse de sucre brun
- Poivre noir grossièrement concassé

Préparation

Faites un nœud non serré sur chaque lanière de bacon et placez-les sur une plaque de cuisson.

Mélangez le sirop d'érable et le sucre brun dans un bol. Badigeonnez généreusement chaque nœud avec ce mélange et saupoudrez de poivre noir grossièrement concassé.

Placez une couche de nœuds dans le panier de la friteuse à air (faites frire les nœuds de bacon par lots). Placez le panier dans la friteuse et réglez la température à 205 °C. Faites frire les nœuds de bacon pendant 5 minutes. Retournez le bacon et faites-le frire pendant 2 à 3 minutes supplémentaires.

Servez les nœuds de bacon chaud.

POISSONS ET FRUITS DE MER

Bâtonnets de poisson

Temps total : **30 minutes**
Sert **2 personnes**

Ingrédients

- 600 g de filets d'aiglefin sans peau, coupés en lanières
- 2 tasses de chapelure
- 1 cuillère d'huile d'olive
- ¼ tasse de farine tout usage
- ¼ tasse de mayonnaise
- 2 gros œufs
- 2 cuillères de moutarde de Dijon
- 1 cuillère d'assaisonnement Old Bay
- Sel et poivre

Préparation

Dans un grand récipient, faites dissoudre ¼ tasse de sel dans 2 litres d'eau froide. Ajoutez le poisson, couvrez le récipient et laissez reposer pendant 15 minutes.

Dans un bol, mélangez la chapelure avec l'huile jusqu'à ce qu'elle soit bien enrobée. Faites chauffer au micro-ondes, en remuant fréquemment, jusqu'à ce que la chapelure soit légèrement dorée, pendant 2 à 4 minutes ; mettez la chapelure dans un plat peu profond. Fouettez ensemble la farine, la mayonnaise, les œufs, la moutarde, le Old Bay, ⅛ cuillère de sel et ⅛ cuillère de poivre dans un second plat peu profond.

Placez une grille dans une plaque à pâtisserie à rebord et vaporisez-la d'huile d'olive. Retirez le poisson de la saumure et essuyez-le soigneusement avec du papier essuie-tout. En travaillant avec un morceau à la fois, trempez le poisson dans le mélange d'œufs, en laissant l'excès s'égoutter, puis enrobez-le du mélange de chapelure, en pressant doucement pour faire adhérer. Transférez les bâtonnets de poisson sur la grille préparée et congelez-les jusqu'à ce qu'ils soient fermes, environ 1 heure.

Vaporisez légèrement le fond du panier de la friteuse avec du spray d'huile d'olive. Déposez jusqu'à 5 bâtonnets de poisson dans le panier préparé, en les espaçant uniformément. Placez le panier dans la friteuse à air et réglez la température à 205 °C. Faites cuire jusqu'à ce que les bâtonnets de poisson soient dorés, 10 à 12 minutes, en les retournant à mi-cuisson. Servez les bâtonnets avec votre sauce préférée.

Steak de thon au thym

Temps total : **10 minutes**
Sert **4 personnes**

Ingrédients

- 4 darnes de thon
- 1 cuillère à café de poudre d'ail
- ½ cuillère à café de sel
- ¼ cuillère à café de thym séché
- ¼ cuillère à café d'origan séché
- 2 cuillères à soupe d'huile d'olive
- 1 citron, coupé en quartiers

Préparation

Préchauffez la friteuse à air à 190 °C.

Dans un petit bol, fouettez ensemble la poudre d'ail, le sel, le thym et l'origan.

Enduisez les darnes de thon d'huile d'olive. Assaisonnez les deux côtés de chaque steak avec le mélange d'assaisonnement. Placez les steaks en une seule couche dans le panier de la friteuse à air.

Faites cuire les steaks pendant 5 minutes, puis retournez-les et faites-les cuire pendant 3 à 4 minutes supplémentaires. Servez le thon avec votre sauce des quartiers de citron et votre sauce préférée.

Saumon au miel

Temps total : **15 minutes**
Sert **4 personnes**

Ingrédients

- 4 filets de saumon
- ¼ tasse de miel
- 4 gousses d'ail, hachées
- 1 cuillère à soupe d'huile d'olive
- ½ cuillère à café de sel

Préparation

Préchauffez la friteuse à air à 190 °C.

Dans un petit bol, mélangez le miel, l'ail, l'huile d'olive et le sel.

Vaporisez le fond du panier de la friteuse à air avec du spray d'huile d'olive, et placez le saumon en une seule couche sur le fond du panier de la friteuse à air.

Badigeonnez le dessus de chaque filet avec le mélange miel-ail et faites rôtir pendant 10 à 12 minutes.

Flétan avec salade de pois chiches

Temps total : **25 minutes**
Sert **2 personnes**

Ingrédients

- 2 filets de flétan sans peau
- 1 boîte de pois chiches en conserve, rincés
- ¾ cuillère de coriandre moulue
- ½ cuillère de cumin moulu
- ¼ cuillère de gingembre moulu
- ⅛ cuillère de cannelle moulue
- 4 cuillères d'huile d'olive
- 1 cuillère de jus de citron
- 1 cuillère de harissa
- ½ cuillère de miel
- 2 carottes, pelées et râpées
- 2 cuillères de menthe fraîche hachée
- Sel et poivre

Préparation

Faites une élingue en papier d'aluminium pour le panier de la friteuse en pliant une longue feuille de papier d'aluminium pour qu'elle fasse 10 cm de large. Posez la feuille de papier d'aluminium dans le sens de la largeur sur le panier, en pressant le papier d'aluminium dans et sur les côtés du panier. Vaporisez légèrement le papier d'aluminium et le panier avec de l'huile d'olive.

Dans un petit bol, combinez la coriandre, le cumin, le gingembre, la cannelle, ⅛ cuillère de sel et ⅛ cuillère de poivre. Asséchez le flétan avec du papier essuie-tout, frottez-le avec une cuillère d'huile et saupoudrez-le du mélange d'épices. Déposez les filets, côté peau vers le bas, sur l'écharpe dans le panier préparé, en les espaçant uniformément. Placez le panier dans la friteuse à air et réglez la température à 150 °C. Faites cuire jusqu'à ce que le flétan se sépare en flocons lorsqu'on l'aiguise doucement avec un couteau, 12 à 16 minutes, en pivotant les filets à mi-cuisson à l'aide de l'élingue.

Pendant ce temps, faites chauffer les pois chiches au micro-ondes dans un bol pendant environ 2 minutes. Incorporez la cuillère restante d'huile, le jus de citron, la harissa, le miel, ⅛ cuillère de sel et ⅛ cuillère de poivre. Ajoutez les carottes et 1 cuillère de menthe et remuez pour bien mélanger. Assaisonnez avec du sel et du poivre selon votre goût.

À l'aide de l'élingue, retirez soigneusement le flétan de la friteuse et transférez-le dans des assiettes individuelles. Saupoudrez-le avec la menthe restante et arrosez-le d'huile supplémentaire selon votre goût. Servez le flétan avec la salade de pois chiches et les quartiers de citron.

Roulés de sole aux asperges

Temps total : **30 minutes**
Sert **2 personnes**

Ingrédients

- 4 filets de sole sans peau
- 200 g d'asperges
- 1 cuillère d'huile d'olive
- 4 cuillères de beurre non salé
- 1 petite échalote, hachée
- 1 cuillère d'estragon frais haché
- ¼ cuillère de zeste de citron
- ½ cuillère de jus de citron
- Sel et poivre

Préparation

Dans un bol, mélangez les asperges avec ½ cuillère d'huile, une pincée de sel et une pincée de poivre. Couvrez-les et faites-les cuire au micro-ondes jusqu'à ce qu'elles soient vertes et légèrement tendres, environ 3 minutes, en les remuant à mi-cuisson. Découvrez les asperges et mettez-les de côté pour qu'elles refroidissent légèrement.

Préparez une élingue de papier d'aluminium pour le panier de la friteuse en pliant une longue feuille de papier d'aluminium de façon à ce qu'elle fasse 10 cm de large. Posez la feuille d'aluminium dans le sens de la largeur sur le panier, en pressant le papier d'aluminium dans et sur les côtés du panier. Vaporisez légèrement le papier d'aluminium et le panier avec de l'huile d'olive.

Asséchez les soles en les tapotant avec du papier essuie-tout et assaisonnez-les avec du sel et du poivre. Déposez les filets, côté peau vers le haut, sur une planche à découper, les extrémités les plus épaisses étant les plus proches de vous. Placez les asperges uniformément sur la base de chaque filet, puis enroulez les filets en les éloignant de vous autour des asperges pour former des roulés bien rangés.

Badigeonnez les roulés uniformément avec le reste de l'huile et déposez-les côté couture vers le bas sur l'élingue dans le panier préparé. Placez le panier dans la friteuse à air et réglez la température à 150 °C. Faites cuire jusqu'à ce que les asperges soient tendres et que la sole s'émiette lorsqu'on l'aiguise doucement avec un couteau, 14 à 18 minutes, en pivotant les roulés à mi-cuisson à l'aide de l'élingue.

Dans un bol, combinez le beurre, l'échalote, l'estragon, le zeste et le jus de citron. À l'aide de l'écharpe, retirez délicatement les roulés de la friteuse et transférez-les dans des assiettes individuelles. Garnissez-les uniformément avec le mélange de beurre et servez-les.

Saumon à l'orange

Temps total : **20 minutes**
Sert **2 personnes**

Ingrédients

- 2 filets de saumon avec peau
- 1 cuillère de confiture d'orange
- ¼ cuillère de zeste d'orange râpé
- 1 cuillère de jus d'orange
- 2 cuillères de moutarde
- Sel et poivre

Préparation

Faites une élingue en papier d'aluminium pour le panier de la friteuse en pliant une longue feuille de papier d'aluminium pour qu'elle fasse 10 cm de large. Posez la feuille de papier d'aluminium dans le sens de la largeur sur le panier, en pressant le papier d'aluminium dans et sur les côtés du panier. Vaporisez légèrement le papier d'aluminium et le panier avec de l'huile d'olive.

Dans un bol, combinez la confiture, le zeste et le jus d'orange, et la moutarde. Asséchez le saumon en le tapotant avec du papier essuie-tout et assaisonnez-le de sel et de poivre. Badigeonnez uniformément le dessus et les côtés des filets avec le glaçage préparé. Déposez les filets, côté peau vers le bas, sur l'élingue dans le panier préparé, en les espaçant uniformément. Placez le panier dans une friteuse et réglez la température à 205 °C. Faites cuire le saumon jusqu'à ce que le centre soit encore translucide lorsqu'il est vérifié avec la pointe d'un couteau, pendant 10 à 14 minutes, en pivotant les filets à mi-cuisson à l'aide de l'élingue.

En utilisant l'élingue, retirez soigneusement le saumon de la friteuse à air. Faites glisser la spatule sous les filets et transférez-les dans des assiettes de service individuelles, en laissant la peau. Servez le saumon avec une salade à part.

Vivaneau rouge entier

Temps total : **35 minutes**
Sert **4 personnes**

Ingrédients

- 1 vivaneau rouge entier, nettoyé et séché
- 2 cuillères à soupe d'huile d'olive
- 2 gousses d'ail, hachées
- ½ cuillère à café de poivre noir
- ½ cuillère à café de cumin moulu
- ¼ cuillère à café cayenne
- ¼ tasse d'aneth frais
- 1 cuillère à café de sel

Préparation

Préchauffez la friteuse à air à 180 °C.

Dans un petit bol, mélangez le sel, le poivre, le cumin et le poivre de Cayenne.

Enduisez l'extérieur du poisson avec de l'huile d'olive, puis saupoudrez le mélange d'assaisonnement sur l'extérieur du poisson. Farcissez l'ail haché et l'aneth dans la cavité du poisson.

Placez le vivaneau dans le panier de la friteuse à air et faites-le rôtir pendant 20 minutes. Retournez le vivaneau et faites-le rôtir pendant 15 minutes supplémentaires.

Galettes de crabe avec salade de pommes

Temps total : **20 minutes**
Sert **2 personnes**

Ingrédients

- 200 g de chair de crabe en morceaux
- 2 cuillères de chapelure
- 1 oignon vert, haché
- 1 gros œuf
- 1 cuillère de mayonnaise
- 1½ cuillère de moutarde de Dijon
- 2 échalotes, coupées en fines lamelles
- 2 cuillères d'huile d'olive
- 1 cuillère de jus de citron
- ⅛ cuillère de sel
- Une pincée de poivre
- ½ petite tête de laitue en morceaux
- ½ pomme, en tranches fines

Préparation

Asséchez la chair de crabe avec du papier essuie-tout. Combinez la chapelure, l'oignon vert, l'œuf, la mayonnaise, la moutarde et le poivre dans un bol. À l'aide d'une spatule, incorporez délicatement la chair de crabe jusqu'à ce que le mélange soit homogène. Divisez le mélange de crabes en 4 boules bien tassées, puis aplatissez chacune en une galette. Mettez les galettes dans une assiette et réfrigérez-les jusqu'à ce qu'elles soient fermes, soit environ 10 minutes.

Dans un autre bol, mélangez les échalotes avec ½ cuillère d'huile ; mettez-les dans le panier de la friteuse à air. Placez le panier dans la friteuse et réglez la température à 205 °C. Faites cuire jusqu'à ce que les échalotes soient dorées, 5 à 7 minutes, en remuant une fois à mi-cuisson. Remettez les échalotes dans le bol et mettez-les de côté.

Déposez les galettes de crabe dans le panier de la friteuse, maintenant vide, en les espaçant uniformément. Replacez le panier dans la friteuse et faites cuire jusqu'à ce que les galettes de crabe soient légèrement dorées des deux côtés, 8 à 10 minutes, en les retournant à mi-cuisson.

Pendant ce temps, fouettez le reste d'huile, le jus de citron, le sel et le poivre dans un grand bol. Ajoutez la laitue, les pommes et les échalotes et mélangez pour bien les enrober.

Servez les galettes de crabe avec la salade et des quartiers de citron à part.

Brochettes de crevettes

Temps total : **20 minutes**
Sert **2 personnes**

Ingrédients

- 350 g de crevettes géantes, décortiquées et déveinées
- 1 cuillère d'huile d'olive
- 1 cuillère de miel
- ½ cuillère de zeste de citron vert
- 1 cuillère de jus de citron vert
- 3 cuillères de beurre d'arachide
- 3 cuillères d'eau chaude
- 1 cuillère de coriandre fraîche hachée
- 1 cuillère de sauce de poisson
- Sel et poivre
- 6 brochettes en bois

Préparation

Dans un grand récipient, faites dissoudre 2 cuillères de sel dans 1 litre d'eau froide. Ajoutez les crevettes, couvrez et mettez au réfrigérateur pendant 15 minutes.

Retirez les crevettes de la saumure et asséchez-les en les tapotant avec du papier essuie-tout. Fouettez ensemble l'huile, le miel, le zeste de citron vert et ¼ cuillère de poivre dans un grand bol. Incorporez les crevettes et remuez bien pour les enrober. Enfilez les crevettes sur 6 brochettes, 3 ou 4 crevettes par brochette.

Déposez 3 brochettes dans le panier de la friteuse, parallèlement les unes aux autres et espacées uniformément. Déposez les 3 autres brochettes sur le dessus, perpendiculairement à la couche inférieure. Placez le panier dans la friteuse à air et réglez la température à 205 °C. Faites cuire jusqu'à ce que les crevettes soient opaques sur toute la surface, 6 à 8 minutes, en retournant les brochettes à mi-cuisson.

Dans un bol, fouettez ensemble le beurre d'arachide, l'eau chaude du robinet, le jus de citron vert, la coriandre et la sauce de poisson jusqu'à ce que le mélange soit lisse. Servez les brochettes avec la sauce et des quartiers de citron vert.

Pétoncles enveloppés de bacon

Temps total : **20 minutes**
Sert **2 personnes**

Ingrédients

- 12 tranches de bacon
- 24 gros pétoncles, tendons enlevés
- 3 cuillères d'huile d'olive
- 1 cuillère de vinaigre de cidre
- 1 cuillère de moutarde de Dijon
- 5 tasses de jeunes épinards
- 1 bulbe de fenouil, coupé en tranches fines
- 1 tasse de framboises
- Sel et poivre
- 6 brochettes en bois

Préparation

Tapissez une grande assiette de 4 couches de papier essuie-tout et déposez 6 tranches de bacon sur les papiers en une seule couche. Recouvrez-les de 4 autres couches de papier et les 6 autres tranches de bacon. Recouvrez le tout de 2 couches de papier, placez une deuxième grande assiette par-dessus et appuyez doucement pour aplatir. Faites chauffer au micro-ondes jusqu'à ce que le gras commence à se fondre, mais que le bacon soit encore souple, environ 5 minutes.

Asséchez les pétoncles avec du papier absorbant et mélangez-les avec une cuillère d'huile, $\frac{1}{8}$ cuillère de sel et $\frac{1}{8}$ cuillère de poivre dans un bol jusqu'à ce qu'ils soient bien enrobés. Déposez 2 pétoncles côte à côte, côté plat vers le bas, sur une planche à découper. En commençant par l'extrémité étroite, enroulez 1 tranche de bacon autour des côtés de pétoncles. Enfilez la botte de pétoncles sur la brochette en passant par le bacon. Répétez l'opération avec le reste des pétoncles et du bacon, en enfilant 2 bottes sur chaque brochette.

Déposez 3 brochettes dans le panier de la friteuse à air, parallèlement les unes aux autres et espacées uniformément. Déposez les 3 autres brochettes par-dessus, perpendiculairement à la couche inférieure. Placez le panier dans la friteuse et réglez la température à 175 °C. Faites cuire jusqu'à ce que le bacon soit croustillant et que les pétoncles soient fermes et que le centre soit opaque, 12 à 16 minutes, en retournant les brochettes à mi-cuisson.

Pendant ce temps, fouettez le reste d'huile, le vinaigre, la moutarde, $\frac{1}{8}$ cuillère de sel et $\frac{1}{8}$ cuillère de poivre dans un grand bol jusqu'à ce que le tout soit bien combiné. Ajoutez les épinards, le fenouil et les framboises et remuez doucement pour les enrober. Servez les brochettes avec la salade.

Queues de homard à l'ail

Temps total : **10 minutes**
Sert **2 personnes**

Ingrédients

- 2 queues de homard
- 4 cuillères de beurre non salé
- 1 cuillère de zeste de citron
- 1 gousse d'ail, finement tranchée
- ½ tasse de vin blanc
- ½ citron, en tranches
- Sel et poivre

Préparation

Mélangez le beurre, le zeste de citron et l'ail dans une petite casserole. Faites fondre et mijoter le beurre sur la cuisinière à feu le plus doux possible pendant que vous préparez les queues de homard.

Préparez les queues de homard en coupant le milieu du haut de la carapace. Cassez la partie inférieure de la carapace en pressant les côtés du homard pour pouvoir accéder à la chair du homard à l'intérieur. Retirez la queue du homard de la carapace en la tirant vers le haut, mais laissez-la attachée à la base de la queue. Posez la chair de homard sur la carapace et assaisonnez avec du sel et du poivre noir fraîchement moulu. Versez un peu de beurre à l'ail et au citron sur la chair du homard et mettez le homard au réfrigérateur pour que le beurre se solidifie un peu.

Versez le vin blanc dans le tiroir de la friteuse à air et ajoutez les tranches de citron. Préchauffez la friteuse à 205 °C pendant 5 minutes.

Déposez les queues de homard dans le panier de la friteuse. Faites-les frire à 190 °C pendant 5 minutes, en badigeonnant de beurre à mi-cuisson. Retirez les queues de homard de la friteuse et servez-les avec plus de beurre pour les tremper ou les arroser.

Printed by Amazon Italia Logistica S.r.l.
Torrazza Piemonte (TO), Italy